미완의 정의를 향하여

— 정의와 권리2

미완의 정의를 향하여

초판 1쇄 발행 2024년 9월 27일

지은이 이웅
펴낸이 장길수
펴낸곳 지식과감성#
출판등록 제2012-000081호

교정 정은솔
디자인 서혜인
편집 오정은
검수 김나현, 이현
마케팅 김윤길, 정은혜

주소 서울시 금천구 벚꽃로298 대륭포스트타워6차 1212호
전화 070-4651-3730~4
팩스 070-4325-7006
이메일 ksbookup@naver.com
홈페이지 www.knsbookup.com

ISBN 979-11-392-2114-5(03360)
값 17,000원

지식과감성#
홈페이지 바로가기

미완의 정의를 향하여

— 정의와 권리2

이웅 지음

지식과감성#

1. 사람들은 필연적으로 집단생활을 해야 한다. 좋든 싫든 우리에게 부과된 하나의 과제이리라.

이 세상은 천국이 아니다. 그렇기에 문제상황이 발생한다.

법은 이러한 문제상황을 이상적으로 해결하기 위한 존재 목적을 가진다.

이것이 법의 가장 기본적 정신이다.

2. 그러나 불행하게도, '통치자로서의 법'이 우리 시대에도 군림하고 있는 것이 현실이다.

즉 지배 목적으로 권력을 가진 이들의 통치적 법률실태가 지금도 많다.

앞으로 우리 세대부터 바꿔 나가야 할 과제이다.

법학용어에는 이러한 통치적 법관을 가진 이들의 시각이 반영되어 있다.

예를 들면 행정법상 '하명'이나 '허가', '통치행위' 등등은 이런 자들의 시각이고, 지금 법률실태에서도 그대로 고권적 인식이 반영되어 있다.

그러나 이것은 주객이 전도된 法觀이라는 것을 밝혀 둔다.

법의 진정한 정신은 적어도 인간사회에서 분쟁을 해결하고, 해악된 행위를 처벌하며 이상적 질서를 수립하는 데에 두어야 할 것이다.

3. 법률분류

법에는 이름이 있다. 그러나 기본적인 법률구조를 먼저 설명하고자 한다. 사법과 공법으로 대별되는데 쉽게 설명하면 이렇다.

사법은 국민 간의 관계를 규율하는 법체계이고 공법은 국가가 관여된 법체계로 이해하면 된다.

그럼 기초적 법률분류를 먼저 설명하고자 한다.

민법이란 백성 민 자를 쓴다. 용어의 의미는 위에서 설명한 고권적 법관의 산물이다.

그러면 사람들 사이에 무슨 문제가 발생할까?

사실 많은 영역이 문제가 있고 법은 그 범위를 확대해야 할 과제를 안고 있다만은,

지금 시대에 통용되는 법에 대한 이해가 선행되면 좋을 것이다.

사람 간에 가장 빈번히 법정에 문제되는 것은 '돈'이다.

이를 법률용어로 재산이라고도 한다.

쉽게 말해 민법은 재산 관련 분쟁을 주로 다루고 있다. 민법에는 가족법이라는 별도의 part가 있는데, 혼인, 이혼, 상속 등을 다룬다. 그렇지만 이 테마들도 법정에서는 주로 '재산'과 관련하여 문제된다는 점을 알아 두자.

4. 법의 확장

민법이라는 용어보다는 인법(人法)이라고 표현하는 것이 맞을 것이다. 인법은 보다 다양한 분야의 문제에 적절한 해결책을 제시해야 할 과제를 안고 있다. 인간사 분쟁은 단지 소송에서 구하는 청구취지에만

국한되지 않는다는 것을 알아 두자.

현행 법체계는 몇 가지 소송의 요건을 정하고 소송의 요건에서 벗어나면 법원은 각하라며 심판을 하지 않는다. 당연히 법원이 만사를 해결할 수는 없고 그래서도 안 된다.

그러나 적어도 사법부의 목적이 정의의 구현에 있다면 억울해서 소송하는 사건을 요건에 맞지 않는다며 각하하는 것은 바람직하지는 않다. 반드시 제도적 보완을 통해, 분쟁해결청구를 해결하는 절차법적 보완이 필요한 것이다.

5. 공법

주로 국가와 국민 간의 관계를 다루고 있다. 대표적으로 행정법이라는 것이 있다. 공법체계는 주로 행정법으로 분류된다.

국가와 국민의 관계에서 문제가 발생한 경우 법원을 통해 해결을 꾀하려는 것이 우리가 배우는 행정법체계라고 보면 된다.

(더 이해를 돕기 위해 예를 들면, 세금이나 병역문제 등등이 공법작용에 속한다.)

현행 행정법은 주로 '질서적 측면'에서 규제와 허가 등을 하고 있다.

그리고 헌법이라는 법을 소개하고 싶다. 우리 인간의 실정법(현실로 제정되고 유통되는 법)체계에서, 가장 상위의 법을 의미한다.

헌법은 상위법이지만 개정 불가는 아니니다. 그리고 현실세태에서 헌법정신을 준수하는 인간은 거의 없다. 조문 자체를 이해하는 이도 적은 듯하다.

(그만큼 사회가 미진한 것이리라….)

우리나라 헌법은 '자유와 민주주의'를 표방하고 있다는 것을 밝힌다.

헌법에서 나열한 권리를 기본권이라고 한다. 주로 '자유권' 중심의 체계로 발달되었다.

역사적 예를 들면, 국가는 인민들에게, 여러 가지 복속 의무를 부담시켰는데, 그리고 더 나아가

국가는 힘을 통해서 인민을 침해하기도 했는데, 이런 부당한 행위를 막기 위해서 제정된 권리가 헌법상의 기본권이다.

쉽게 예를 들면, 조선에서는 세금이라며 관가에서 황구첨정, 백골징

포를 했다고 전해진다.

국가라는 울타리 속에 들어간 간인(姦人)들의 행위 속에서 헌법은 악행을 막고 국가에 의한 국민에 대한 침해를 방지하는 역할을 하고 있다.

또한 우리 헌법은 권력기관의 구조에 대해서도 나열하고 있다. 예컨대 대통령이나 국회, 법원 등 주요기관을 헌법에 정해 놓아서 그들의 사무와 범위를 나열하고 있다.

그렇지만 우리 헌법은 한계를 가지고 있으며, 더 정교하고 진보된 정신에 의해 보완되어야 할 필요가 있다고 밝혀 둔다.

그리고 헌법을 마치 절대 불변의 진리인 양 인식하는 태도를 지양해야 할 것이며, 헌법을 무기로 삼아 간사한 행위를 하는 것 역시도 지탄받아야 할 대상이다.

한편 헌법을 무시하는 행위도 좋은 세태가 아니다.

일단 국가에 속해서 살며 어느 정도 법에 대한 권위를 존중할 필요는 있으나, 법 자체를 절대적으로 신봉할 필요는 없다면 이해가 될 것 같다.

과거의 소중한 유산은 잘 간직하며(동방예의지국) 앞으로의 진보적 법정신을 창안하고 구현화시키는 것은 우리나라의 법의 과제가 될 것이다.

또한 비단 권력구조라며 무 자르듯 민과 관을 나누는 세태에서 벗어나서 이성적 교양적 전제하에서 많은 이들이 함께 만들어 가는 법이야말로 진정한 민주주의가 아닐까 싶다.

(국민발의권도 생각해 볼 만하다. 그러나 우리는 5천만 인구의 각자 생각 속에서 한계와 제약을 필연적으로 받아들여야 한다. 중구난방이 되어 각자의 법을 창안한다면, 질서는 흐트러질 확률이 높다. 그렇기에 공적 법원의 중요도는 높아지는 것이다.)

그러면 공법 이야기를 더 해 보고자 한다. 헌법과 관련돼서 특수한 재판소가 존재하는데 헌법재판소라고 한다. 군사정권이 종지부를 찍고 새로운 대한민국 헌법이 탄생하면서 같이 태어난 재판소이다.

이 헌법재판소에는 특수한 기능이 있는데 위헌법률심판제도라는 기능이다.

국회에서 다수결로 법률이 제정되었는데, 그것이 헌법에 위반된다면 헌법재판소는 법 자체를 무효화시키는 기능을 가지고 있다.

그러나 까다로운 제소요건으로 인하여, 헌법재판소에서는 국민의 기본권 보호보다는 형식논리에 입각한 판단 또한 있었던 것은 사실이다.

소를 제기할 수 있는 여러 '자격 사항'들을 제소요건이라고 하는데, 법원은 고리타분한 법률조항으로 인하여, 실질적 분쟁해결을 각하라는 이름으로 재판거부를 하고 있는 실태도 많이 보게 된다.

제3자 대행소송 또한 필요하며, 공익소송 또한 필요하다고 본다.

또한 헌재가 만들어 낸 재판의 전제성 요건도 까다롭고 변칙적이다.

위헌법률심판 제소요건은 현행헌법(2023년 시행 중인)을 참조하라.

위헌법률심판에 대해서 논하자면 두 가지를 말하고 싶다. 첫 번째, 국민의 기본적인 권리 보호가 가장 중요한 기능이라고 말하고 싶다. 두 번째, 법원은 법을 판단하는 곳이지 권력투쟁을 하는 곳이 아니라는 것을 말하고 싶다.

헌법재판소에서는 자신의 특정 정당이나 인물의 호불호와는 무관하게, 공정한 법 잣대로 국민의 기본권을 보호하고, 정치적 분쟁들을 '법적'으로 해결해야 할 의무를 가지고 있다고 말하고 싶다.

사실 너무나 당연한 재판의 독립 중립성인데 현실세태에서는 중시되지 못했기에 내게 각인되어 남긴다.

권력투쟁 사건에 헌법재판소가 연루되는 경우가 우리 시대에도 몇 번 있었다. 대표적 사건을 소개하고 싶다.

통진당 해산 사건이었는데, 박근혜 행정부는 통합진보당이 공산주의를 표방했다며, 해산을 헌법재판소에 제소했다.

제소 동기는 개인적 원한이 강하다고 보이는데, 독자들은 통합진보당이 해산당할 만큼 위험한 정당이라고 생각하는지 먼저 묻고 싶다.

헌법재판소는 한 명의 반대와 전원일치로 통합진보당을 해산한다.

속칭 누군가에게 밉보이면 탄압을 하고 타격을 주는 보복적 세태에 역시 법원 또한 가담했다고 말하고 싶다.

(정당 해산 심판요건은 헌법과 헌법재판소법을 참조하라. 여기서 내가 말하고 싶은 것은 기술적인 법조문 나열이 아니라 핵심적 법의 정신임을 인식하기를 바란다.)

또한 헌법재판소의 권한 중에 '탄핵'이라는 제도가 있다. 주로 고위직 공무원들이 '위법행위'를 한 경우 헌법재판소에서 공직에서 파면시킬 수 있는 기능이다.

노무현 전 대통령의 경우 사소한 문제를 시비 삼아, 이합집산하여 파면을 헌법재판소에 요구했고 기각(거절)된 바 있다. (뒤에 평석을 따로 썼다.)

이런 심리는 빠르고 간결하고 명확하게 법원의 뜻을 밝혀서, 난잡한 투쟁이 위법이라는 이름으로 제소되는 것을 막아야 할 것이다. 이럴 때 필요한 게 각하가 아니던가?

박근혜 대통령의 경우 헌재는 그들의 기준으로 파면을 결정한 듯싶다. 자세한 위법사항은 헌재의 판결문을 참조하라.

고무줄처럼 그때그때 적용되는 잣대를 법원이 사용한다면 사람들은 법원을 불신하고 판단에 신뢰를 가지지 못할 것이다.

6. 소송법

법원에 소송을 제기하고 처리하는 과정을 다루는 전반적인 분야를 소송법이라고 한다.

위에서 말한 민법은 민사사건이라고 한다.

그러나 소송법 체계에서 까다롭고 번거로운 절차들은 국민의 권리보장을 해태하겠다는 것의 다름 아니다. 소송법은 간단하고 명료할수록 좋다.

'전문직'이라는 이름으로 변호사가 필요한 것은 사실이지만, 불필요하게 까다로운 법률용어와 요건은 사람들의 권리보장의무를 해태하는 우리 법의 직무유기가 아닐까 생각해 본다.

다수가 보는 법이라면, 다수가 인식하기 쉽게 표현하도록 노력하는 게 맞다고 본다.

7. 형법

사람이 타인을 가해하는 행위는 계속 발생한다. 이를 범죄라고 한다. 이러한 범죄행위를 다루고 처벌하는 법 분야가 형법이다. (국가적 법익에 관한 죄 같은 경우는 행위가 타해에 국한되지는 않는다.)

그리고 이와 관련하여 국가에 소속되어 형사(刑事)를 담당하는 사람들을 경찰, 검찰이라고 한다.

형법에는 몇 가지 원칙들이 있는데 주객이 전도된 재판들이 많은 것이 현실이다.

예컨대 죄형법정주의 예를 들어 보고 싶다.

죄와 형벌은 법전에 규정되어야만 처벌할 수 있다는 하나의 원칙이다. 이 취지는 국가의 자의적인 전단적인 처벌을 막고자 한 선구자적 혜안이다. 즉 전단적인 형벌권을 보다 객관화한 노력의 산물이다(베카리아).

예컨대 국가가 위의 통진당 사례처럼 마음에 안 든다고 불이익을 가하는 행위가 자행되어 온 것이 엄연한 현실이고 이러한 행위들을 막기 위해 나타난 법률원칙이다.

그러나 우리 재판소는 주객이 전도되어, 죄형법정주의를 마치 진리인 양 여기며 이의 잣대로만 판단하는 것을 밝혀 둔다.

전단적인 처벌을 막기 위한 원칙이 진리로 둔갑하여, 처벌해야 할 사안을 죄형법정주의로 면탈하는 경우도 있었다. 또한 시대가 변해 가며 신종범죄들이 등장함에 따라 형법전 안에 모든 범죄를 기술하는 것은 불가능하다.

죄형법정주의는 우리 시대에 통용되는 화폐라고 생각한다.

난잡한 대법원의 판례들은 어떤 행위가 법조문에 해당하는지 안 하는지를 판별하는 데에 혈안이 되어 있던 게 아닌가 싶다.

죄형법정주의의 취지를 이해하지 못하고 그저 공식처럼 적용하는 불공정한 판단에 동의할 이가 누가 있을까?

예컨대 실질적 범죄행위가 형법전에 기술되지 않았다고 불가벌이라면 피해자는 동의할 수 있을까?

피해받은 피해자의 억울함과 한은 누가 풀어 주어야 할까 묻고 싶다.

지금 형법을 적용하는 방법은 형식적 문리해석에만 국한되어 있다고 밝힌다.
또한 형법 교과서는 추상적 사변논의를 주로 하고 있는 것이 아닌가 지적하고 싶다.

범죄가 무엇인지, 어떤 형사정책을 가져야 하는지, 범죄자의 동기와 실태, 그리고 피해자의 회복이 아닌 사변철학에 입각한 학설만이 난무하는 현실이다.

물론 이런 논의도 필요하겠지만, 형법의 한 분과라고 본다.

그것을 독일에서 가져왔다며 무슨 설 무슨 설 하며 공부하고 있는 처참한 세태가 한국 형법의 현주소이다.

형법은 현실과 괴리된 학문이 아니다. 추상적 철학이 형법의 전부가 아니다.

그런데 형법책이라는 책은 추상적 학설들을 나열하고 있으니, 참 개탄스러운 현실이 아닐 수 없다.

(한마디만 덧붙이면 조선에서 이가 어떻고 기가 어떻고 논쟁하는 성리학자들과 다를 게 없다.)

사례라는 것도 판례사안이나 현실과 괴리된 창의사안을 학설에 따라 결론 내리는 수리적 사례 해결이 다수이다.

사례는 실질적 사안들을 놓고 다각도로 검토해 보며 스스로의 의견을 배양하는 것이 목적이지, 판례 결론을 끌어다가 '정답'이라고 결정하거나, 여러 학자들의 학설에 따라 해결하려는 것이 목적이 아니다. (그런 것은 수학에 가깝다.)

또한 국민들이 공감하고 이해하고 동의할 수 있는 것이 아니라, 난문을 쓰며 표현해 내는 것들에서 누가 공정과 정의를 볼 수 있을까 싶다.

형법의 과제는 실무와 연계되어 범죄를 처벌하고 세상을 연구하여 범죄들을 파악하고 이를 실질적으로 처벌함에 있다. 또한 범죄로부터 사람들을 보호하고 예방하며 일종의 도덕률을 형법으로 구현화해 내는 데에 중요한 기능이 있다. 그리고 교화 또한 형법의 과제이리라….

그리고 소송절차상의 실무행태들을 파악하여 보다 개선적인 절차들을 모색할 필요를 느낀다.

그리고 내가 경험했던 권위적 법관(法觀)을 가진 이들을 보며 나는 회의를 품었던 것이다.

사건 당사자의 세세한 이야기를 자세히 들어야 할 '의무'가 법관(法官)에게 있어야 할 뿐만 아니라,

국민들의 의견에도 귀를 기울이는 법원이 민주주의상의 법원이라고 나는 생각한다.

(그렇다고 모든 궤변을 다 들어야 한다는 것은 분명 아니다. 다만 억울한 이의 하소연은 꼭 들어야 판사가 아닐까 싶다.)

8. 형법의 보충성과 보호기능

형벌권이 남용되면 사람들은 살기 힘들어진다. 형법학 책에서는 형법의 보충성이라고 한다.

물론 인간을 정신적 신체적으로 손상시키거나 부당히 재물 등등을

편취, 강취하는 행위에 대해서는 엄격한 처벌이 뒤따라야 할 것이다.

그러나 필요 이상의 형벌권을 남용한다면, 분명 잘못되었다고 말하고 싶다.

쉽게 우리 사회에서 음주운전을 예로 들어 볼 수 있다.

음주운전은 형사처벌을 받는데, 음주 후 사고가 나지 않았는데도, 음주운전만으로 과도한 책임을 지우는 것이 아닐까 싶다.

그렇다고 음주운전을 방임하자는 것은 아니다.

충분히 면허취소 같은 행정적 제재로 목적을 달성할 수 있는데 경찰까지 동원하여 형벌권을 남용하고 있지는 않은지 반문하고 싶다.

우리 사회는 (천국이 아니기에) 형벌이 필요하다. 형법도 필요하다. 그러나 꼭 필요한 조항만을 만들어야 할 것이지, 자의적으로 인간의 행동을 유도하기 위해 형벌권 조문을 쓰는 것은 잘못된 입법이라는 것을 밝힌다.

일단 형법은 우리 세상에서 단순하게 그 행위를 하지 못하게 할 의도로 많이 제정된다.

그러나 형법을 연구함에 있어서 선과 악의 깊은 이해, 그리고 행위와 피해 사이의 범죄상태와 그 침해를 먼저 선지해야 할 것이다.

형벌은 악행에 대해 부과한다는 철학적 전제가 필요하다. 악행이라고 판단할 수 있는 것은 우리가 가진 도덕관에서 비롯될 것이다.

악행을 근절하고 선량한 양민들을 자유롭게 보호하기 위한 국가적 과제가 형법이 될 것이다.

마지막으로 시대가 변하며 범죄양태도 변한다. 사이버 세상, 인터넷 등 각종 기기의 발달로 범죄양태도 계속 진화하고 있다.

인터넷은 사실상 무법지대에 가깝게 운영되고 있는데, 인터넷에 형법의 개입이 반드시 필요하다고 밝혀 둔다.

또한 앞으로 AI 인공지능의 발달로 해킹 등 각종 신종범죄가 출현할 것이다. 또한 기기의 발달로 사생활 침해도 더 심해질 것이다. 한국 법학자들의 심도 있는 연구와 대책이 꼭 필요할 것이다.

우리의 연구가 그리고 입법실무진들의 노력이 미래의 선량한 한 피해를 방지할 수 있다.

그렇기에 형법은 중요하다.

형법은 정의적 관점에서 입각하여, 범죄로부터 국민들을 지키고, 범죄에는 반드시 엄중한 대가가 부여되어야 한다는 응보적 정신을 견지해야 할 것이다.

형사정책이 잘 수립된다면 치안질서 역시 좋을 것이며, 보다 많은 사람들이 자유롭게 살아갈 수 있을 것이다. 또한 범죄행태로부터 사람들을 보호하는 정의의 기능을 할 것이다.

또한 실무진들에게 당부하고 싶은 말은 피해자가 수치스럽거나 두려워서 고소를 주저하게 해서는 안 된다는 것이다. 형사기관은 악행에는 엄중한 처벌을 내리지만 사람들에게는 따뜻하고 봉사하는 인식으로 형사사법정의를 수행하는 것이 이상적 자세라고 말하고 싶다.

소첨 - 죄형법정주의에 대한 나의 생각이 반영된 조문

(단 예외 조항 - 죄형법정주의를 원칙으로 하되 일반적 법감정상 범죄되는 행위는 법전에 규정이 없어도 재량하에 처벌할 수 있다.)

죄형법정주의의 맹점으로 불가벌적 판단을 받는 행위들을 처벌하기 위한 조문이다.

앞으로 AI 시대로 돌입하며, 조문에서 cover할 수 없는 행위들이 나타날 수도 있다.

9. 형법(2) - 양심범

실정법상 위반이지만 그 행위자에게는 양심상 정당한 행위가 있다. 이를 양심범이라고 한다.

이 양심범은 복잡다단한 문제를 야기한다.

나는 일단 두 가지 사례를 말하고 싶다.

911 테러범들은 사망해서, 처벌할 수는 없지만 이들은 양심범이다. 이들은 어떤 잘못된 이데올로기에 사로잡혀 범행한 이들이다.

이들의 행위는 많은 미국인명을 살상시켰기에 선악의 판단에서 악이고 양심과 상관없이 처벌당해야 할 '범죄'이다.

앞서 밝혔듯 선악의 판단은 형법의 중요한 시금석이다.

반면 간디 이야기를 하고 싶다.

간디는 인도의 독립운동을 이끌었는데, 영국 실정법상 범죄자다. 실제로 그는 투옥되기도 한 것으로 알고 있다.

간디는 숭고한 의지를 가졌고 그의 순수하고 아름다운 정신은 비폭력 불복종이라는 위대하고 아름다운 정신을 보여 주었다.

그는 약했지만 굴복하지 않았으며 갖은 고초 속에서도 한 떨기 아름다운 꽃을 피워 냈다.

아무튼 간디는 실정법 체계에 어긋났지만, 양심을 지킨 대표적인 양심범 사례다.

(OM 그에게 신의 축복이 깃들기를….)

본론으로 돌아오면, 간디와 같은 행위에 우리는 보다 넓은 관점을 가져야 할 것이다.

실정법 조문만을 들이밀며 조문이 성경이 되어 양심범에 '처벌'만을 고수하는 법률가는 법에 대한 이해가 미진하다고 본다.

양심범은 일반 범죄보다 독특한 접근이 필요하다고 본다.

그렇기에 우리는 사고함에 있어서 법체계를 하나의 도구로 쓰되, 더 넓은 철학과 판단이 뒤따라야 한다고 밝히고 싶다.

몽테스키외가 그린 삼권분립은 지극히 단순 공식에 매몰되어 있지 않은가 싶다.

예컨대, 법관은 법을 당연히 준수해야 하겠지만 단지 기계적 산출 공식처가 아니라고 보고 싶다. (실제로도 재량이 상당하다.)

나는 필요하다면 법원에 '입법안 제출권'을 부여해야 한다고 본다.

재판실무를 하며 깨닫는 것들이 묻히지 않고 입법실무에 반영되어야 한다고 생각한다.

그렇기에 무 자르듯 행정, 입법, 사법을 나누는 몽테스키외의 삼권분립은 구시대적이 아닐까 생각해 본다.

10. 입법부의 구성에 관하여

현행 선출제에서는 검증되지 않은 사람들이 입법부에 들어가는 것을 많이 보았다.

입법부란 국가의 법률을 다루는 중요한 직업이다.

또한 선출된 만큼 선거인들의 기대 또한 가지고 있다.

현행 정치실무를 보며, 제도적으로 국민소환제를 남기고 가고 싶다. 공직 선출이 하자가 많은 경우, 탄핵과 유사하게 (위법의 논리로) 다시 파면시키는 제도를 말한다. (정치적인 불성실을 요건으로 할 것인지, 위법만을 요건으로 할 것인지는 선택 사항일 것이다.)

예의가 없고 가십에만 열을 올리며 요상한 명분 없는 '투쟁만' 선동하는 게 현 한국 국회의 현주소가 아닌가 싶다. (2023 1111)

또한 상대 당을 '악'으로 '적'으로 몰아붙이고 자기 자신들이 '선'으로 인식하는 편협한 이분법이야말로 인간들이 가져온 망령된 행동이 아닐까 싶다.

현재 상태에서 교양과 학식 그리고 예의와 더 나아가 '이상'과 '철학'을 가진 이들이 입법부로 들어가야 할 것이다.

정치적 이상이나 기초적 법률 이해 없이 국회에 들어가서 투쟁하는 것이 입법부인가 한국 사회에 묻고 싶다.

선거제의 단점이기도 하다. 성실하고 바른 견해를 가진 이들보다 세속에서 '인기'를 많이 얻는 이들이 당선되기 훨씬 쉬운 구조이기도 하다.

민주주의라는 원칙하에, 입법부의 구성에 있어서 다중의 선택인 '선거'만 고수하는 것은 옳지 않다고 본다.

법률적 소견이 뛰어나거나 윤리적으로 높은 경지에 달했는데도 선거제에서 불리해서 입법부에 들어가지 못할 수도 있기 때문이다.

우리는 국회는 가장 선제적으로 '입법부'라는 것을 인식해야 할 것이다.

선거제라는 것도 민주주의라는 것도 '절대적 명제'가 아니라는 것을 인식했으면 좋겠다.

11. (1) 현행 법관제도의 문제에 관하여

먼저 법률지식 시험, 예컨대 판례에서 어떻게 판시했고, 어떤 기본법리가 있으며, 법조문 등등을 많이 정확히 숙지했다고,

그리고 '사례'로 위장한 '정답' 있는 사안을 풀었다고,

법조인의 자격을 주는 한국의 제도에 대해서 의문의 여지가 있다.

물론 법률의 이해는 법관의 선재요건일 것이다.

그러나 법관에게는 이러한 법률지식보다는 '양심'과 '신념' 또한 필

요하다고 생각한다.

법관에게는 법률에 대한 이해는 당연 필요한 전제요건일 것이고, 양심과 공정성 도덕성을 반드시 중요시 여겨야 할 것이다.

(법관윤리법의 제정, 소송에서의 질서와 예의에 대한 대법원 규칙 등 등의 창설이 요구된다.)

또한 법관선거제 또한 민주주의 시대에서 하나의 '대안'이다.

현행 법체계는 대통령이 대법관을 임명하는 구조인데, 그 운영 방식을 보면 자당에 유리한 판결을 한 인물을 승진시키는 경우를 우리는 보았다.

이러한 지명보다는 민주주의의 시대에서 국민의 신임을 받는 대법원장 선출 역시 고려할 바 있다.

그러나 앞서서 언급했듯이 선거제는 단점을 가지고 있다.

양심에 따라 보이지 않는 곳에서 일하는 법관의 경우 선거에 엄청나게 불리하다.

그러나 지명직에서의 단점 역시 드러난다. (인사권이 정말 효율적이라면 인사권이 나은 듯싶다. 지금 한국 현실에서 법관인사의 공정성에는 의문을 제시한다.)

하지만 우리는 민주적인 다수의 지지를 받는 법원 구성을 위해 판관선출에 있어서 법률시험을 전제요건으로 하면서, '선거제'를 고려해 볼 수 있다.

아마 나의 구상이 실무에서 구현화되기는 어렵겠지만 훗날 뛰어난 지성이 이 글을 읽는다면, 정치적 구상으로 시도해 볼 수 있다고 생각한다. (삼권분립 체계를 신봉하는 이가 아닌 다른 구조를 구현화해 낼 수 있는 혁명적 개혁안을 이야기하는 것이다.)

(2) 대법원 분리론

현행 14명의 대법관들은 모든 상고사건을 처리한다. 한 사건, 한 사건의 무게가 얼마나 깊을지 먼저 생각하자.

누군가에게는 전 재산이 걸려 있는 일일 수 있다. 사형판결을 선고해야 하는 경우도 있다.

인원과 능률 면에서 효율적이지 못하다.

대법원을 각 법종(法種)으로 나누고, 행정대법원, 노동대법원 조세

대법원, 민사대법원, 형사대법원 등으로 분류하여 전문적으로 사건을 심리해야 할 것이다.

현행 헌법상의 대법원 구성은 분명 구시대적이며, 사법의 효율적 측면에서 미진하다는 말을 하고 싶다.

물론 사법부가 국회에서 법률로 마음대로 개폐하는 부서가 되어서는 안 되기에 헌법상 삽입 역시 필요하다고 보지만, 다소 구시대적인 모습이 들어간 것이 현행 헌법조문이라는 것을 말하고 싶다.

상고사건에 대한 문제는 전부터 있어 왔다. 나는 분야별 대법원 창설을 제시해 본다. 그리고 대법원 간에는 당연히 협업이 필요하다.

(헌법재판소와 대법원 간의 재판 헌법소원 관련 관할분쟁이 있었다.)

현행 법원구조는 헌법에 규정되어 있어서 헌법개정이 불가피하다.

각 주요 법률 분과별 대법원을 창설해서, 사건을 심도 있게 판단하는 것이 옳다고 본다.

현행 상고제도는 거의 다 심리불속행으로 끝나는데, 과연 효율적인지 의문이 든다.

12. 재판사무, 행정사무 분리

판사는 재판에 전담하고, 법원행정이나 인사에서는 분리되는 것이 좋다. 현행 한국법원에서는 재판사무와 법원행정사무의 분리가 필요할 것이다. 독립적 법원행정 운영이 필요하다고 본다. 보다 법원행정에서 국민에게 친숙하고 소송절차가 더 간단하고 (예컨대 EMAIL 소송접수) 더 발전되는 기술적 수단들을 재판에 연계시키는 노력이 필요하다고 본다. 그것이 바로 법원행정이 가야 할 길이라고 본다. 뭐 법원 운영 행정에 판사를 전적으로 배제시키자는 것은 아니지만, 현행 한국 법원 운영에서 법관들의 제왕적 체계를 탈피할 필요를 강하게 느낀다.

대법원장의 판사사찰이 있었는데 이런 사태는 판관이 법원행정에 개입한 대표적 사례이다. 판관은 재판업무를 주로 맡고, 행정은 분리시키는 것이 좋다.

13. 법조윤리에 관하여

만일 변호사가 개인의 내밀한 사건을 수임했는데, 그 일을 공공연히 말한다면 좋은 일일까?

혹은 경찰이 피의자에게 막 대하는 것이 옳은 일일까?

법률을 담당하는 직은 경찰이든 판사든 도덕적 윤리준수가 반드시 필요한 것이다.

그리고 고위직일수록 그 요건은 엄격해지는 것이다.

법조윤리법을 따로 제정하여, 법적 강제를 해야 하는 세태라고 보인다.

(경찰윤리법을 따로 제정해도 좋다. 경찰 역시 형법 형소법을 다루는 만큼 법률직 공무원으로 분류함이 맞다.)

우리의 선입견으로 법관은 바르고 공정할 것이라는 착각이 있는데, 현실은 항상 그렇지 않다.

법정에서 상대방에 대한 예의준수, 인격준수가 반드시 필요할 것이다.

그렇지만 필요하다면 판사는 훈계나 지적을 할 수 있는 것 또한 당연하다.

14. 대법원 판결문 작성례

지금 대법원은 자의적으로 판결문을 쓴다.

상고이유(왜 대법원에 호소했는지)에 대해서만 짤막하게 판단한다.

그러나 국민의 최고법원의 글이 그 정도 무성의와 인용에 그쳐서는 안 된다고 본다.

법률로 판결문 작성례를 제시해 줄 필요가 있다.

1) 사실관계 - 당해 소송의 사실관계에 대해 국민이 알 수 있도록, 대법관들의 서술이 필요하다.

2) 1심, 2심 재판부의 판단요약 - 위 사실관계에 하급심은 어떻게 어떤 법리로 판단했는지를 정리해야 한다.

3) 상고이유 - 왜 상고인이 대법원에 상소했는지를 정리해야 한다.

4) 상고이유 판단 - 위 상고이유에 대해 대법원은 법률상 판단을 해야 한다.

5) 결론

이 5가지 요소를 판결문에 필수적으로 포함시켜서 대법관들이 글을 쓸 수 있도록 해야 한다.

지금 대법원 판결문은 엉망이다. 과거 판례를 인용해서 상고를 기각하고 10줄 내외의 짤막한 거절만을 내놓고 있다. 이런 재판이 대법원의 재판이라면 어느 국민이 진심으로 존경할까 하는 의문이 든다.

15. 북한형법에 대한 소견

피레네산맥 이쪽에서는 합법 저쪽에서는 불법이라는 용어가 생각난다. 예컨대 남한 문물을 접하면, 북한 당국은 처벌하는데, 우리는 형법의 기준에서 선악의 가치를 선재해야 할 것이다.

남한 문물을 보는 것이 악한 행동인가 묻고 싶다.

또한 정치적 표현권을 지나치게 억누르는 복종적 자세만을 강요하는 것이 그리고 그 질서에 위반하면 과하게 처벌하는 것이 정의인가 묻고 싶다.

라드브루흐가 기억난다. 그는 법의 핵심 정신이 추구되지 못한다면 법이라고 볼 수 없다는 명언을 남겼다.

물론 북한 내 질서 규제 모든 것을 비판하고 싶지는 않지만, 그들만의 왕국이겠지만, 그들의 통치구조와 법률운영에 있어서 단점은 반드시 지적해야 하는 것이 아닐까 싶다.

정치형법에 대해 지금 내 소회를 털어놓고 싶다. 정치형법은 일종의 권력수호적 기능을 한다.

남한에서도 정치형법이 유행했던 적이 있었다.

또한 혁명가들은 정치형법의 희생양이 되는 경우가 많다.

정권이 스스로를 보호하기 위한 정치형법은 일종의 자의적 규칙에 가깝다고 본다.

그렇기에 정치형법을 '법'이라고 인정해 줄 수 있는지 의문이 많다.

또한 (북한에 통용되는) 연좌제는 누군가에 대한 미움의 산물이다.

형법의 책임 개별화 원칙을 북한에도 적용시켜야 할 필요를 느낀다.

'타인'의 행위로 '형사책임'을 져야 하는 악습에서 벗어나야 한다고 역설해 본다.

16. 정신보건법

현행 정신보건법은 보호자의 동의와 의사의 소견으로 사람들을 강제입원 시킬 수 있다.

헌법에서는 인신구속의 폐해를 방지하기 위해 많은 노력을 기울였지만(영장주의 등등), 정신보건법은 사설감옥으로 이용되고 있다.

대한민국의 대표적인 악법 중 하나이다.

정신보건법 위헌 소송이 헌법재판소에 여러 번 제소(헌법소원)된 적이 있는데, 헌재는 심리도 하지 않고 각하했다.

그리고 심리된 한 사건에서 헌법불합치라는 애매모호한 결정을 내려서 국민의 기본권 보호의무를 위반했다.

아직도 이 악법은 존속하고 있다.

뒤에 정신보건법 개정안을 조금 자세히 기록했다. 참고하길 바란다.

법의 정신이 '인권'의 보장에 있다면 정신보건법은 대표적으로 '인권'을 침해하는 악법 중 하나이다.

반드시 개정되어야 할 악법이라고 밝혀 본다.

17. 국제법의 법적 한계

현행 국제법은 조약 중심의 체계로 운영된다. 사실상 주권국가 강제적 법률규범이 없다 보니, 국제 관계는 정글로 운영된다.

외교적 수단이 주를 이루지만, 한 국가가 타 국가를 무단침입 하는 사례가 계속 발생하고 있다.

지금 21c 러시아는 우크라이나를 공격했다.

국제연합안전보장이사회의 미비점이 그대로 드러났다.

또한 강행법규부재의 한계도 여실히 드러났다.

앞으로의 국제법은 안보리 운영보다는 총회에 국제 입법권을 부여하고, 강행법규 창설을 추구해야 할 것이다.

또한 국가 내에서 경찰이 범죄를 단속하듯, 국제법규 위반 국가에는 실질적 제재를 가할 수 있는 물리적 수단을 확보해야 할 것이다.

별지 1 - 국제법의 법적 한계

현재 국제법은 강행력의 부재로 조약 중심으로 운영된다.

즉 주권국가들의 '자발적 합의', '자발적 이행'을 전제조건으로 하고 있다.

법이란 것은 '강행적 효력'으로 통용되는 것인 만큼,

세계질서에 있어서, 강행적 국제법을 수립할 필요가 있다고 나는 확신한다.

러시아의 침공사태는 국제규범의 부재를 그대로 드러내어 주었고,

주로 주권국을 중심으로 조약 중심의 미개한 인류의 국제법 체계를

여실히 드러냈다.

현행 세계질서는 국가 간 교섭 그리고 강대국들의 사실상의 영향력(미국, 중국)으로 움직이고 있다.

즉 아노미(무규범) 상태라고 봐도 무방하다.

무질서 상태에서 정의와 질서 그리고 윤리를 강행하는 것은 법이고,

국제질서에도 그대로 적용된다.

별지 2 - UN안전보장이사회와 미국의 대처에 관하여

현재 미국, 중국, 러시아, 프랑스, 영국 이 5개 국가가

UN안전보장이사회를 주관한다.

즉 실력 있는 5개 강대국을 중심으로 안보리를 운영한다.

그러나 세계 질서에 있어서 안보리는 제 기능을 하지 못했다.

세계 각국으로 구성된 UN총회에 권한과 국제입법권 그리고 국제행정명령권을 부여하는 게 맞다고 본다.

(또한 과거 오바마 대통령은 푸틴에게 강력한 경고를 보내서, 우크라이나 침공을 막았다. 그러나 바이든 대통령의 소극적이고 안일한 대처가 마음에 들지 않는다.

3차 대전을 불사하면서라도 푸틴에게 우크라이나에서 퇴각할 것을 명하고, 거부 시 미국의 군사개입을 하겠다는 강력한 메시지를 전했다면, 푸틴이 계속 전쟁을 수행할까 하는 의문이 든다.

3차 대전을 두려워해서, 한 국가가 무단으로 한 국가를 침범하는데도 아무 말 못 하는 소극적이고 안일한 행위는 미국 대통령으로서 실격이다.

리더는 전쟁을 두려워해서는 안 된다. 필요할 때는 강력한 메시지와 과감한 행동을 취할 수 있는 게 리더라고 나는 생각한다.)

내가 쓴 국제헌법안의 일부를 남긴다.

5. 국제평화유지군

(1) 총회 회원국(세계 모든 국가)의 연합으로 UN국제평화유지군을 창설한다.

모든 국가는 총회에서 제정한 국제법률로 정한 규모의 군대를 UN평화유지군에 제공할 의무를 부담한다. UN국제평화유지군의 구성 사항은 총회에서 국제법률로 제정한다.

(2) UN평화유지군은 총회의 의결하에서만 활동할 의무를 부담한다. 위 조항, 위반 시 형벌에 처한다. 총회는 국제평화유지군 형법안을 제정할 의무를 부담한다.

총회의 의결이 있으면, UN평화유지군은 분쟁지역의 분쟁을 종식시킬 권한을 가진다. 국제평화유지군의 목적은 전범국의 군대를 제압하고, 평화를 수복하며, 전범수괴를 체포할 권한에 국한된다.

(3) 국제 전쟁범죄

한 주권국 혹은 무장단체가, 다른 국가를 무단으로 침범한 경우, 테러 기타 폭력적 위해를 가한 경우 전쟁범죄에 해당한다.

각국의 국민과 재산에 대한 조직적 침해는 전쟁범죄에 해당한다.

위 전쟁범죄에 의결한 주모자들은 30년 이상의 징역, 무기징역, 사형에 처한다.

여기서 주모자란 전쟁범죄 의사를 결정하고 기획하고 실행한 자를 의미한다.

전쟁범죄에 가담한 모든 자들은 5년 이상의 징역, 무기징역, 사형에 처한다. 단 변론 후 형을 감면할 수 있다. 구체적 판단은 법관에 위임한다.

지배복종관계로 인하여 전쟁범죄에 원하지 않게 불가항력적으로 가담한 자들은 국제형사재판소에서 판단 후 형을 면제한다.

국제형사재판소는 전쟁범죄 발생 시 총회의 의결이 있으면, 즉각 개정 후 심리할 의무를 부담하며 필요적으로 해당 주모자에 대해 영장을 발부해야만 한다.

영장이 발부되면, UN평화유지군 예하 국제경찰부대는 전쟁범죄자의 신병을 체포하여 국제형사재판소의 판단에 예속되게 할 의무를 부담한다.

UN산하 국제검찰부는 전쟁범죄의 공소를 담당한다. 검찰은 영장발부에 관여할 수 없다.

(TO OM. 2023 0517 이웅 씀.)

18. 사법보험제도

지금 변호사를 수임해서 소송을 하려면 약 3~500만 원이 든다.

수임액이란 게 법정되지 않아서, 더 많은 비용을 지불하기도 한다.

의료치료의 경우, 의료보험으로 국민들은 적은 비용을 내고 의료서비스를 이용하고 있다.

예컨대 100만 원을 지인에게 빌려줬는데 안 갚는다고 가정하자.

변호사를 수임해서 소송을 하려면 300만 원이 들고, (물론 소송비용을 상대방에게 지급하게 할 수는 있지만) 사람들은 자신의 권리구제를 포기할 확률이 높다.

지금 수임료에 비추어 일반 서민의 경우 법률구조제도를 이용하기 어려운 사법제도가 존속하고 있다.

대한법률구조공단 그리고 형사국선변호인이 있지만, 국민의 법률수요에 비해 턱없이 부족하다.

사법보험을 창설하고 의료보험처럼 강제가입제도로 운영하며 보다

저렴하게 변호사를 수임할 수 있는 국가제도 정비가 요구된다.

"법원의 문은 황금 열쇠가 아니면 열 수 없다."라는 법언이 있다. 이 말은 소송을 하기 위해서는 많은 돈이 필요함을 말해 준다.

억울하고 가난한 이들이 법원의 문턱을 넘기 위해서 국가는 사법보험법을 제정하여, 국민의 억울한 사연을 보다 손쉽게 해결할 수 있는 제도의 개혁이 요구된다.

19. 법의 정신

법조문은 간결하고 짤막하게 언급되어 있다. 그러나 우리는 그 조문을 보며, 입법자의 정신을 보아야 한다.

어떤 의도로 법조문이 제정되었는지를 볼 수 있어야 한다. 그래야 법률가라고 볼 수 있다.

단순하게 조문을 수학공식처럼 적용하는 것은 낮은 차원의 수준이다.

법을 이해함에 있어서 법의 제정배경 그리고 조문의 취지와 해석 그리고 더 나아가 법의 정신을 볼 수 있어야 한다.

20. 보수와 진보

새로운 시대를 열고 새로운 사상을 개척하려는 사람들은

늘 보수의 관성에 부딪힌다.

인간이란 구 레짐에 안주하고 각기 그 안에서 이익을 추구하는 동물이기에,

새로운 제도를 겁내고 기피하는 경우가 많다.

가깝게는 조선에서 대동법 시행까지 100년이 넘게 걸렸고,

금난전권 폐지도 엄청난 반발이 뒤따랐다.

흥선대원군 이하응이 서원을 철폐하려 했을 때도 수많은 유생이 반발했다.

우리 시대에는 노무현은 상당한 개혁가였다.

그는 탁월한 정치감각과 자신만의 신념을 토대로 새로운 이상국가를 구상했다.

그러나 보수의 강력한 반발 그리고 노무현을 이해 못 한 대다수 무지한 대중들에 의해 그의 꿈은 실현되지 못했다.

나는 혁명을 일종의 '모멘텀'이라고 본다. 즉 언제나 구시대의 고리타분한 관습이 더 강한데, 강력한 진보의 바람은 구시대의 관성을 깨고 혁명의 바람이 된다. 즉 보수의 관성의 임계점을 넘을 때 진보는 완성된다.

21. 마약사범

과거 청나라 시절 영국은 '아편'이라는 마약을

청나라에 유통시켰다. 그리고 청나라의 은을 가져갔다.

수많은 중국인이 폐인이 되었다.

문제가 심각해지자, 임칙서라는 중국의 관리는,

아편을 모두 몰수하고 불로 태운다.

영국은 격분해서 청나라와 영국 사이의 아편전쟁이 발생한다.

이렇듯 마약은 한 인간의 인생을 황폐화시키고, 국가까지 흔들 만큼 중대한 효과를 가지고 있다.

그렇지만 우리는 형법관을 가질 때 선악판단을 선재해야 한다.

자기 자신이 자신의 몸에 약물을 투여하는 것을 우리는 악하다고 할 수 있을까?

그런 행위를 소환해서 구속하고 처벌할 당위가 있는가 묻고 싶다.

나는 법질서에 있어서 마약수용자(복용자)들에게는 약물중독치유와 개선이라는 행정적 서비스를 제공하고

'판매책'을 엄벌하는 정책을 제시한다.

즉 마약을 산 수요자에게는 온정적 대처를 해 주고, 치유와 사회재활을 돕고

마약을 판매해서 돈을 얻으려는 조직에게는 엄벌을 가해야 한다고 생각한다.

사실 마약을 복용한 이는 누구도 해한 바 없다. 자기 자신을 약에 중독시킨 행위를 과연 도덕적으로 '타인'이 비난하고 처벌할 수 있는지

형사철학적 의구심이 남는다.

또한 앞서 밝혔듯 형법이란 필연적 '선악관'이 반영되는 법률이란 점이다. 행위의 가치판단에 악이라는 판단을 내릴 수 있는지가 형법의 쟁점이라 하겠다.

자신의 몸에 자신이 약물을 투여하는 행위는 '악'하다고 볼 수 없다.

우리는 여기에 있어서 모든 범죄행위가 '악'이라는 단순 등식(=)에서 조금 벗어날 필요가 있다고 본다.

실정법상 범죄행위가 아니어도, 악한 행위가 있으며, 당국에 의해 범죄행위라고 낙인찍혀도 악하지 않은 행위가 있다는 것을 사고해야 한다.

그러니 악=실정법상 범죄라는 단순 등식은 성립될 수 없다.

22. 연예인 장기계약의 법률문제에 관하여 (2023 한국)

A가 10년 이상의 전속계약을 체결하고 이를 법무법인을 통해 해지

한 사실이 보도되었다.

사실 법상으로 계약을 중간에 해지시킬 수 있는 '권리' 등이 있지만, 행사요건이 까다롭고, 일반적으로 계약은 준수되어야 한다는 원칙하에 연예인 장기계약서는 자유를 사실상 심각하게 제한하는 부당한 계약이 아닐 수 없다.

언론보도에 따르면 연예인에게 지급해야 하는 정산금액 회계사실도 제대로 통보받지 못한 것으로 드러났다.

민법은 '불공정한 계약'은 무효로 하는 조문을 두고 있고 과거부터 연예인 계약의 불공정성이 문제되기도 했다. 공정거래위원회에서는 시정조치를 2017년에 내린 바 있다.

10년 이상의 장기근속계약은 사실상 연예인 일을 '강요'에 가깝게 하는 불공정 계약이고, 법의 취지 즉 각 인간의 '인격'과 '자유'를 존중하는 취지에 위반하는 계약이다.

소속 연예인에 대한 회사의 과도한 반강제적 착취가 우려되고 법은 약자를 보호하고 부당한 억압에서 해방시키며, 인간의 '자유의사'를 존중할 필요가 있다고 밝힌다.

뒤에 구체적 민법 입법례를 통해 현재의 불공정을 시정하는 안을 작성해 보았다.

23. 연예인계약의 노동법적 검토

앞서 연예인 장기계약의 문제점을 지적한 바 있다.

법리적으로 검토해 보면, 근로기준법에서는

제7조에 강제근로의 금지를 명시해 놓았다.

또한, 제20조에는 위약금 예정금지를 명시해 놓았다.

여기서 우리는 법의 사각지대와 동시에 노동법의 선구자적 혜안을 같이 볼 수 있다.

연예인은 법률상 근로자가 아닌 프리랜서로 분류된다. 그래서 근로기준법의 보호범위에서 벗어난다.

그런데 사실상 회사에 종속된 연예인들에게 회사는 근기법에서 위반하는 취지의 약정(계약)을 강행하고 있다.

노동법의 선구자는 위약금 예정계약조항으로 사실상 종속적 강제근로를 하는 악습을 보았고 근기법에 금지를 규정해 놓은 것이다. 그리고 실제로 근기법에서 벗어나는 직종에 이런 악습이 적용되는 현실을 우리는 볼 수 있다.

즉 다시 말하면, 회사에서 계약 시 위약금 약정을 미리 해 놓고, 계약 파기 시 손해배상 청구가 두려워, 사실상의 '강제근로'를 하게 되는 현실을 보게 된다.

근로자는 언제든 '해약의 자유', '퇴사의 자유'가 있다는 법의 정신을 우리는 상기해야 한다.

법의 사각지대를 보호하기 위해

대법원은 판례를 통해 프리랜서라도, 사실상 회사에 종속된 경우, 그리고 민법으로만 규율하기 어려운 경우 근기법 조문을 유추적용하여 법적 약자를 보호해야 할 것이다.

또한 재판실무나 형식논리는 연예인은 근로자가 아니니 근로기준법에서 보호받을 수 없다는 결론을 도출해 내는데, 이는 형식논리의 한계이다. 사실상의 근로자를 근로기준법에서 배제시킨다면, 법의 취지를 몰각시키는 몰이해한 판단이 될 것이다. 근로기준법의 취지가 적어도 종속노동적 위치에 있는 사람들에게 기본적인 권리를 보장해 주는 데에 있다면, 요구르트 아줌마, 그리고 연예인 연습생 등을 배제시키는 것은 노동법적 취지에 어긋나는 해석인 것이다.

그러나 형식논리에 젖은 대법원은 단순논리로 실질적 법의 정신을 왜곡시키는데 이는 주의를 요한다.

요구르트 아줌마의 경우 요구르트 회사의 외판원인데, 사실상 근로자가 아닐까? 대법원 판결은 요구르트 아줌마의 근로자성을 부정했다.

24. 민중경찰론

저급한 생물영역에서 가장 주요한 권력은 '폭력'이다.

지금 국가는 물리적 제재 영역을 독점하고 있다(적어도 법률상).

일반 시민들이 생활에서 만나는 권력은 경찰이다.

그러나 이 경찰이란 것은 '치안유지'를 위해 반드시 필요하지만,

과도해지면 폭력을 손에 쥔 권력행사로 민중을 탄압하는 폭력으로 변질될 우려가 매우 높은 조직이다.

검찰제도는 경찰을 통제하는 가장 주요한 수단이다.

그러나 정치권 일각에서는 검찰권력을 통제한다며, 경찰에게 권력을 주려는 진보진영의 시도가 계속 존재했다.

물론 검찰 역시 권력을 남용하기는 하지만, 경찰의 위험에 비하면 그 위험도가 상대적으로 낮은 조직이다.

경찰에 대한 법적 통제는 반드시 필요하며 검찰이 그 적임자라는 것을 밝혀 둔다.

검찰의 권력을 줄이겠다고 경찰에게 과도한 재량을 부과할 경우, 경찰은 그 방향을 잃고 민중에 대한 일선통제를 할 우려가 매우 높다.

경찰의 정신은 '민중의 지팡이'라는 표현처럼, 친민중적인 행보에 있다. 범죄로부터 국민들을 보호하고, 적절한 체포 구속 등을 통해 사법절차를 보조함에 있다.

일단 물리력의 적법적 행사를 거머쥔 경찰은 그 권한을 오용할 수 있는 조직이기에, 반드시 법적 통제가 필요하다고 본다.

그리고 극단적인 예시로, 정부방침이 민주제적 형식에서 다른 형태로 바뀌는 경우 경찰조직이 이용될 우려가 높다.

조금 원시적이나마 나는 시민경찰제를 제시해 보고 싶다.

건강하고 바른 시민 청년들이 자체적으로 운영하는 경찰제도 중 하나의 방안이다.

시민경찰제는 일종의 자치행정구역의 자치경찰 발상이기도 하다,

곁어는 경찰의 정신은 친민중에 있고, 위험도가 높은 만큼, 통제와 안전담보를 부착해야 하는 시스템이라고 말하고 싶다.

25. 부당종교행위

현행 종교는 치외법권적으로 운영되는데 인류의 역사적 실태와 관계가 높다.

정교는 분리되고 국교 또한 인정되지 않는다.

그러나 종교를 이용해서 '범죄'행위를 하는 경우가 있는데, 이 경우 형법상의 규율을 요한다.

미신적 사기수단을 제시하고 금전 등을 편취하는 사례가 상당수 나

타난다.

적어도 종교인이 종교를 수단으로 반대급부를 받은 후 '결과'를 약속한 경우에는 법적책임을 지도록 해야 한다.

민사상의 부당이득반환의무나 손해배상청구권이 행사되어야 할 것이다.

또한 종교를 이용해서 형법상의 범죄(강간, 강요, 협박, 공갈, 사기) 등의 행위를 한 경우 가중처벌 하는 것이 필요하다. (왜냐하면 선을 표방한 행위를 이용해서 악을 행했으니 그 비난 가능성이 일반 범죄에 비해 더 높기 때문이다.)

종교와 관련해서 하나의 사례를 소개하고 싶다.

과거 국가와 국민들이 투쟁하던 시절, 시위를 한 사람이 성직자에게 도피했다.

성직자는 그를 숨겨 주었고 범인도피죄의 죄책을 부담했다.

그러나 성직자가 자신에게 피해 온 사람을 경찰에 넘겨주는 행위에 대해서는 어떻게 생각하는가?

실정법상 책임조각사유로 무죄판단을 선고해야 할 사안이다.

종교는 끝이 없는 베일에 가린 만큼 그리고 우리 인간사회가 저급한 부분을 분명히 보이는 만큼,

종교를 이용한 범죄는 계속 발생할 것이다. 그리고 현행 사법당국은 종교적 문제에 대한 이해도가 낮을 수 있다.

종교와 법을 이해함에 있어서 종교는 특수한 분야로 법학자들의 깊은 고찰이 요구되는 바이다.

한마디만 더 하고 싶다. 인간의 종교란 것은 위장을 좋아해서 가면을 쓰고 있을 확률이 높다.

마지막으로 소설 《레 미제라블》이 기억난다. 가난한 장 발장은 성당에서 금 촛대를 훔쳤지만 사제는 그를 감싸 준 것으로 알고 있다.

그러나 현대판 '소도'는 결코 허용될 수 없다.

적어도 우리가 '형사적 측면'에서 종교를 바라볼 때, 폐쇄성이 높은 집단이 종교이니만큼, 반드시 내부 범죄를 주시해야 할 것이며, 국가의 개입이 기피되는 영역이니만큼, 더욱 더 신중히 살펴야 할 것이다.

26. 형사절차와 인격권 보호

우리의 사법절차는 법원에서 유무죄를 최종확정한다. 그리고 유죄로 전단해서는 안 된다는 원칙도 통용되고 있다.

그러나 수사단계에서 사실상, 범죄자 취급을 하는 것을 볼 수 있다.

시정이 요구된다.

불구속수사의 원칙이 관행이고 별도의 감찰관을 두어 검찰 경찰을 통제해야 할 것이다.

이 기관은 국가인권위원회 같은 진정사항 정도에 국한할 수 없으며, 수사절차에서 인권침해 시 별도의 구성요건을 만들어서 죄책을 부담시켜야 할 것이다.

또한 수감시설 내의 최소한의 인권보호, 인격권 보호도 요청된다.

헌법재판소에서 위헌확인 된 사건 중 하나인데 구치소 화장실이 사생활 보장이 안 된 경우가 있었다.

사람을 수감하는 시설에 최소한의 인권보장은 반드시 요구된다.

그러나 한편으로 회의가 든다. 범죄자 수용시설의 경우 범죄자는 타인의 권리를 짓밟은 자들 아니던가?

나는 이렇게 생각한다. 타인의 권리를 침해한 자는 자신의 권리를 주장하지 못한다고….

그러나 현행 구치소 실태는 확실히 개선될 필요를 느낀다.

그리고 구치소에 감금된 모든 이들이 악행을 한 것도 아니다.

나는 백안시되는 구치소나 교도소 실태에 있어서 인간적 최소한의 보장은 요구된다고 주장한다.

27. 언론과 법

우리 헌법은 표현의 자유, 언론의 자유를 명시하고 있다. 그러나 나는 21c 한국에 살면서 무분별한 자유가 주는 해악을 충분히 경험했다.

도도 질서도 없는 채로, 무분별하게 절제되지 않는 것들을 표출하는 인터넷 언론을 바라본다.

물론 정부가 사적 언론사를 통제하는 것은 좋지는 않다.

그렇지만 저널리즘의 측면에서 현 무분별한 자유는 분명 문제를 보였다는 것이다.

그렇기에 언론을 국가의 법으로 라인을 설정할 필요가 있다고 본다.

주로 자극적인 기사만을 양산하는 세태에서 벗어나서,

법적 규제가 필요하다고 본다.

사람들은 원하지 않게 세상의 각종 더러운 일들을 눈으로 접해야 하는 하나의 고통을 안고 있다.

예컨대, 미담 프로 같은 것을 언론에서 개발한다면 범죄뉴스 말고도 인간들 우리 사회의 좋은 면들을 부각시킬 수 있을 것이다.

정부는 언론의 표현물과 인터넷 게시물에 있어서 개입을 해야 한다고 본다.

표현의 자유라는 명목하에 무절제한 표현들이 난무하는 세태를 개탄한다.

구체적으로 어떤 법률을 만들 것인지는 어려운 이야기이다.

국가가 직접 언론사를 지휘하는 것은 좋지 않기 때문이다.

일단은 유해와 불쾌감을 유발하는 기사들을 난무시키는 언론에 대한 법적 규제가 필요하다.

심의위원회를 두어, 정부의 검열이 필요한 부분이기도 하다.

또한 그런 범죄 기사들에 관심이 많은 경우는 따로 분류해서 보도해야지, 포털을 열면 매일 나타나는 범죄기사들은 좋지 않다.

심의위원회는 정무직 공무원이 아닌 민간위촉을 하는 것이 좋을 것이다.

또한 인터넷 표현물에 있어서도 정부는 형사적 제재가 필요한 것이다.

또한 사이버상, 사이버불링, 사이버 협박 사이버 모욕 등은 법익을 침해하는 범죄행위이다.

특히 사이버불링 같은 경우는 악랄하고 지속적인 경우가 있다. 반드시 엄격처벌이 필요한 범죄라고 생각한다. 사이버불링으로 자살까지하는 것을 보면서 사람을 사이버상으로 살인하는 중대범죄에 엄격처벌이 요청된다. (입법안을 따로 언급하고 떠난다.)

헌법상 언론의 사전검열은 금지되고 있으나, 이는 언론이 정부에서 벗어나고자 한 하나의 시도이지, 완벽한 조문은 아니다.

언론의 사전검열이 필요하다고 본다. 적어도 민간위원회를 구성해서라도, 그리고 보도 사실 자체는 존중해 주면서도, '표현'과 '의도'에서는 반드시 법적규제가 필요하다고 생각한다.

언론이 정치적 자유를 얻고, 특정 정당을 응원하는 세태를 노골적으로 보이는 것이 21c 대한민국 현주소가 아니었던가?

공정하고 사실을 객관화시켜서 보도해야 할 언론이 특정 정당을 두둔하며 보도해 온 것을 나는 알고 있다.

언론이 적극적 정치적 의사표시를 하는 것을 막고자 하는 것은 분명 아니다. 언론을 통해 정치가 발전하고 각종 인사들이 자신의 의견을 표출하는 장이 될 수는 있다.

언론은 법원은 아니다.

그렇지만, 저널리즘적 차원을 넘어서서 노골적인 편파적 보도는 지양되어야 한다고 확신한다.

그런 저급한 언론이 주요 언론이 된다면 국민들의 눈과 귀는 불편할 것이다.

앞서 밝혔듯 현행 헌법은 언론의 사전검열을 금지하고 있다.

그러나 헌법개정이 요구되고, 적어도 국가권력의 정치적 통제 목적 외에 민간위원회 혹은 국가위원회를 위촉해서 언론을 선도하는 것은 필요하다고 본다.

또한 정부에서도 문화통신부를 만들어서 정부의 정책 등을 친국민적으로 표현할 필요를 느낀다.

한국의 경우 과거 군부정권 시절의 언론통제의 영향으로 언론의 자유에 지나치게 민감한데, 21c 정부의 경우는 언론통제가 이루어질 확률은 낮다. (만일 정부에서 정치통제의 목적으로 언론통제를 행한다면 이는 부당한 월권이지만) 언론의 자유라는 미명하에, 무분별한 보도는 법의 영역에서 개입해서 제지해야 할 부분이 아닌가 싶다.

28. 평등론에 관하여

일단 인간은 다 다른데 기계적 형식적 평등론은 지양할 바 있다고 본다. 그러나 헌법정신에서 명시해 놓은 평등권은 일종의 역사적 맥락을 살펴보아야 한다.

마하트마 간디 이야기를 하고 싶다. 그는 영국에 유학 갔을 때, 인도인이라고 백인들이 타는 기차석에서 쫓겨날 뻔했다고 한다.

이러한 부당한 차별을 금지하고자 제정된 것이 헌법정신의 평등권이라고 볼 수 있다.

나아가 형사제도에서도 신분의 고저에 따라 다른 형량을 부과하는 경우도 있는데, 이러한 부당한 차별을 방지하기 위함이다.

평등을 잘못 해석하면, 기계적 수리적 평등론에 입각하여 실제적으로 무리한 요구를 할 수 있다고 본다.

우리가 평등을 이해함에 있어서 '부당한 차별 철폐'라는 정신을 먼저 숙지해야 할 것 같다.

절대적 완전한 수리적 평등요구는 사실상 부당한 요구라고 밝힌다.

헌재도 '다른 것은 다르게' 취급한다는 평등원칙을 내세운 바 있고 합리적이다.

또한 범죄에서 평등이 주로 문제되는데, 예컨대 더욱 중한 범죄자가 집행유예라며 범죄를 저지른 이가 불만을 가질 수 있는데, 이런 류의 비교는 바람직하지 않다.

범죄에는 그에 맞는 절대적 형이 부과되어야 한다고 생각하기 때문이다.

또한 국가가 수주하는 사업 같은 경우는 필연적으로 선택적인 문제가 발생할 수밖에 없다. 공정 절차들을 시도해서 선택하는 방안이 필요할 것이다.

우리는 평등에 있어서 부당한 차별 철폐라는 정신을 가장 핵으로 숙지하면 족할 듯싶다.

29. 형벌권의 적용에 관하여

위에서도 언급했지만 우리는 사안에서 형벌권의 적용 범위를 살펴볼 필요가 있다. 예컨대 고등학생의 지하철 무임승차 같은 경우에도 형벌권을 무차별적으로 적용한다면, 과도한 남용이 될 것이다.

행정적 질서벌(과태료) 제도를 적극 활용하여, 부당행위를 제재할 필요가 있다.

형벌권은 꼭 필요한 경우에만 사용해야 한다고 생각한다.

여러 행정형법 등이 쏟아져 나오는 추세이다.

나는 형법이란 '악한 행동'에 적용되는 국가의 과벌권이라고 생각한다.

행정적 목적의 형벌은 바람직하지 않으며, 과태료나 각종 행정상의 제재로 족하다고 본다.

형벌체계와 행정질서벌 체계를 확연히 구별시키는 법적 분류가 필요하다고 본다.

30. 훈시규정

법에 명시적으로 규정된 절차들을 훈시규정이라고 하며 무시하는 법관세태가 있다.

대표적으로 판결선고기간인데, 판결선고기간이 장기화되면, 피고인의 불안정한 심리는 더욱더 커져만 간다.

법정판결선고기간을 명확히 규정하고, 이를 준수하게 하고 불준수 시 징계를 할 필요가 있다고 본다.

법에 훈시규정이라는 명시적 규정은 없다.

그러나 법원은 법해석에 있어서 자의적인 훈시규정 해석을 하고 있다.

쉽게 예를 들면 사기범이 법정에서 형법 제347조는 훈시규정이라고 하면, 동의할 이 누가 있을까?

법전에 선고된 절차들을 반드시 준수하는 법원이 요망된다.

31. 언론변론제도

배심제라는 제도가 있기는 하지만 소수의 무작위 시민의 한계를 가진다. 또한 한국의 경우에는 평결이 판관을 기속하지 못하는 한계도 있다.

피고인이 정말 억울한 경우, 스스로 언론에 나타나서 다중에게 스스로를 변론하는 시스템을 법적으로 '권리'로 보장할 필요가 있다고 본다.

즉 다중에게 변호를 할 수 있는 '선택권'을 보장하자는 것이다.

지금은 개인적 통신수단으로 스스로 변호하는데,

법적 제도를 만들어서, 다중에게 하고 싶은 말이 있는 경우, 언론을 통해 자신의 범죄를 변호할 수 있는 권리를 제도적으로 보장하면 좋을 듯하다.

그러나 형판이, 범죄자의 사기극에 휘말려서 여론을 등에 업는 행위에 흔들려서는 안 될 것이다.

32. 부동산소유특별법

현재 남한 부동산 시장은 과열되어 있다. 부동산 투기도 횡행하고 있거니와, 무엇보다 균등하지 못한 부동산 소유구조가 문제로 나타난다.

기존의 소유권을 최대한 보장하면서, 각 국민의 균등한 부동산 소유를 위하여 특별법 초안을 만들어 보았다.

이 법안은 논란과 비판을 겸허히 수용한다. (2023 1119 이웅)

다소 고심했던 것이 어느 정도의 소유권을 유지시킬지의 문제였고, 부동산 관련 업종을 통해 생계를 유지하는 직역에 대한 고려였다.

그러나 한정된 한반도 땅에서 살아가는 우리 한국인들은 필연적으로 토지 그리고 부동산 소유와 거래에 있어서 법적 제한을 받아들여야 한다고 생각한다.

부동산소유특별법

1조 이 법은, 대한민국의 부동산의 균등한 분배와, 각인의 안정된 주거를 보장하기 위하여 제정한다.

2조 1가구 1건물소유주의-한 가구는 한 주거용 건물 소유로 제한된다. 위반 시 2년 이상 10년 이하의 징역에 처한다. (한 가구란, 가족을 기본으로 한 모든 국민을 말한다. 숙식을 같이하는 가족의 경우는 1가구로 분류한다. 숙식을 같이하는 다수가 있는 경우 한 가구로 분류된다.)

3조 단 숙박 임대업, 그리고 회사 등의 영리목적 상업용 건물 소유는 정부에 대한 신청만으로 다수소유 가능하다. 또한, 자연 휴양 목적의 여가용 건물소유의 경우 예외로 한다. 여가용 건물의 경우 상업복합단지가 조성된 구역은 허용될 수 없다. 위 용도 목적 외의 다수 소유 시 2년 이상 10년 이하의 징역에 처한다.

4조 영리목적 건물을 주거로 거래한 경우, 행위자가 무주택자가 아닌 한 2년 이상 10년 이하의 징역에 처한다.

5조 임차인의 매수청구권 - 임대차 상황에서 임차인은 매수청구권(일방형성권)을 가진다. 임차인은 차액을 상환하면 즉시 부동산 소유권을 취득한다. 원소유인은 등기이전의무를 즉시 부담한다. 등기비용은 임대인 임차인이 50%씩 부담한다. 임대인이 등기이전의무를 해태 시 1,000만 원 이하의 벌금에 처한다.

6조 1가구 1부동산 주의 원칙의 예외 - 한 가구가 다른 가구로 이사하기 위하여 부동산을 매수하는 경우는 예외로 한다. 부동산 소유주는 타 부동산 매입 후로부터 특별한 사정이 없는 한 6개월 내에 원부동산을 매도할 의무를 진다. 위반 시 1,000만 원 이하의 벌금에 처한다. 이 경우 원부동산이 정상시장가격 거래상, 수요자가 없어서 매도되지 않는 경우는 죄가 없다. 사술로 정상시장거래가격범위의 30% 이상을 호가한 경우 1년 이하의 징역에 처한다. 전조의 경우 국가는 부동산을 정상시장가격으로 수용해야 한다.

정상시장거래가격이란 통상적인 부동산 시장에서 매도 매수되는 통상가격범위를 의미한다.

7조 정부보증 부동산 대출 - 소유한 부동산이 없는 가구는 정부보증으로 은행에 대출을 신청할 수 있고 은행은 승인의무를 진다. 대출가격은 1억을 초과할 수 없다. 정부는 구상 시, 채무자의 재산에 강제집행을 할 수 있다.

8조 회사는 사업정관상의 영리목적 외에 거주용 주거를 소유할 수 없다. 위반 시 소유계약에 참여한 행위자들을 3년 이하의 징역에 처한다. 매도인의 경우 원칙적으로 처벌할 수 없다. 그러나 전조의 사정을 알고 매도한 경우 공동정범으로 처벌된다.

9조 임대차 - 임대인의 임차인에 대한 권리는, 임료의 지급만을 받을 권리와 부동산 소유권 보존권에 제한된다.

10조 임대인의 의무 - 임대인이 8조의 조항을 넘어서서 임차인에게 하는 요구나 간섭은 금지된다.

11조(형벌) 9조 위반 시 100만 원 이상의 벌금에 처한다. 9조 위반이 형법상의 죄를 구성할 경우 형법전에 따라 처벌된다.

12조 차명등기 - 소유자가 아닌 자가 소유자로 등기되어 있는 경우 등기에 가담한 행위자 전원을 2년 이상 10년 이하의 징역에 처한다.

13조 부동산 소유는 등기부의 기재를 소유주로 본다. 차명등기의 경우에도 원칙적으로 이와 같다. 단 특별한 사정이 있는 경우 법원에 제소하여 소유권자를 확인받을 수 있다.

14조 법정지상권 – 기존 건물과 토지의 소유주가 다른 경우 무단으로 건축하지 않은 이상 건물 소유주는 모두 법정지상권을 취득한다. 건물이 멸실되지 않는 한, 법정지상권은 존속된다. 고의적으로 건물을 멸실시킬 경우 5년 이상 징역에 처한다. 인명에 피해가 간 경우 무기징역에 처한다.

부칙: 이 법 시행 후 주거용 건물 복수소유주는 3년 내에 매도의무를 진다. 3년 후에도 매도되지 않은 경우 국가가 정상시장가격으로 수용한다. 국가는 주거용 건물을 즉시 사인에게 매도할 의무를 부담한다.

차명등기의 경우 이 법 시행 후 3년 내에 등기청구권 행사가 허용된다. 법 시행 후 3년 후의 등기명의자를 소유주로 한다.

* 형량에 대한 회의. 행위를 금지하기 위한 하나의 수단이라고 생각한다. 실제로 처벌하고 싶은 마음도 권한도 없다. 형량계산은 그 행위를 하였을 때 나타나는 불이익이 이익보다 약간 상회하는 정도가 적당하다.

부동산이 과열되어서, 또한 일반 월급 몇백만 원으로 부동산을 사는 것은 너무 오래 걸리기에, 버는 족족 임차료로 내고 남는 게 없이 사는 게 안쓰럽기에, 법안을 만들어 보았다.

33. 인권보호법

흥선대원군의 말을 남기고 싶다.

"만약 백성을 괴롭게 하면 공자가 다시 살아나도 용서하지 않겠다."

헌법상 기본권은 대국가적 효력이라고 하여 '국가'에 주장하는 권리로 인식된다. 그러나 국가뿐 아니라 국민들도 기본권을 빈번히 침해하고 있다.

그리고 형법 조문만으로 한계가 있는 현실을 목도했다.

헌법의 기본권 정신을 계승하되 보다 폭넓게 실효적으로 보장할 수 있도록 인권보장법을 만들어 보았다.

형벌이 다소 과하게 느껴질 수 있으나, 범죄에는 엄단이 필요하다고 나는 생각한다.

인권보호법

서문

헌법의 기본권 정신을 이어받아, 또한 대사인적 권리임을 인식하여, 현실세계에서도, 헌법의 기본권을 국가 또는 사람들로부터 실질적으로 보호하기 위해 이 법을 제정한다.

1조 모든 인간은 불가침의 인권을 향유하며, 이를 보장받을 권리를 가진다.

2조 헌법에 명시된 인간이 가지는 기본적인 권리를 이하 '기본권'이라 칭한다.

3조 생명권 - 모든 인간은 생명권을 존중받을 권리를 가진다.

4조 생명권 침해와 형벌 - 타인의 생명권을 고의로 침해했을 경우, 15년 이상의 징역 무기 사형에 처한다. (특별형법)

5조 명예권 - 언어 그리고 신체적 거동의 수단으로 타인의 명예권을 침해한 자는 2년 이상의 징역에 처한다.

6조 인권 - 한 개인이 가지는 고유의 정신, 신체를 보호하는 권리를 인권이라 정의한다.

7조 인권준수의무 - 모든 인간은 타인의 인권을 준수할 의무를 부담한다.

8조 신체권 - 한 개인이 외부의 물리적 공격으로부터 신체의 안전을 향유할 권리를 신체권이라고 한다.

9조 신체권 - 이 신체권을 언어나 거동의 방법으로 침해한 경우 3년 이상의 징역 무기 사형에 처한다.

10조 표현권 - 한 인격주체가 자신의 생각을 표현할 권리를 표현권이라고 한다.

11조 표현권의 침해 - 언어 혹은 거동의 방법으로 타인의 표현권을 침해한 경우 3년 이상에 처한다.

12조 표현에 의한 범죄 - 한 인격주체가 표현으로 타인을 위해한 경우 3년 이상의 징역에 처한다.

13조 (집단가중) 위 범죄에 집단이 가담한 경우 모두 사형에 처한다.

* 주석: 집단이 범죄에 가담하는 경우 그 피해가 극심하다. 극형을 통해 근절시키고, 혹은 집단으로 범죄를 한 자들에 대한 '응보'가 필요하다고 생각하는 바이다.

14조 재산권 침해 - 기망 협박 폭력의 수단으로 타인의 재산권을 침범한 자는 5년 이상의 징역 무기 사형에 처한다.

* 역시 극형이 요구된다. 타인의 것을 강탈 편탈한다는 점에서 비난 가능성이 아주 높은 범죄라고 생각한다.

(인권보호법을 위한 짧은 변론서.

일단 실정화되기 어려운 법이다. 헌법상 보호하는 기본권을 보호하기 위한 초안으로 작성해 보았다. 인권, 그중에서도 핵심적 기본권은 반드시 보호해야 하며 이에 대한 침해는 다소 극형으로 판단할 필요가 있다.

사실 형법전상의 각론상의 개인적 법익침해 관련 구성요건도 이런 포괄조문을 개별화해 놓은 것이다.

다소 포괄적이고 엄격한 형벌적 인권보호법 초안을 작성해 보았다.)

34. 남조선의 민주주의

조선 반도의 민주주의.

어제 역사를 누워서 보다가 조선 현대사를 되짚어 봤다. 우리 아버지가 70 정도인데, 아버지 나이 정도 되는 신생국가이다.

이웃 나라 중국에서 모택동과 장개석의 결전도 마무리를 지을 것 같다(2023 1120).

사실 김성주가 (김일성) 한반도를 통일할 수 있었는데, 미군의 개입으로 남북으로 나뉘어졌다.

북의 거의 광신적인 민중이 되고 싶지는 않으나, 나는 남한 민주주의의 실패를 바라 본다.

이승만 하야하고, 박정희 총탄 맞고, 전두환은 강경진압 하고, 7년 후에 하야하고,

국민들이 그토록 열망해서 얻은 선거권으로 선거해서 뽑은 게 쿠데타의 주역 전두환의 친구 노태우였나….

어릴 때가 기억난다. 초등학교 가기 전이었는데, 방에서 노태우 연설하는 것을 들었던 기억이…. '나는 보통 사람입니다.'

당시 유괴 같은 범죄가 많았는데 노태우 대통령은, 범죄와의 전쟁을 선포했던 기억이 난다.

(이하 존칭 생략)

김영삼은 당선되기 위해 노태우에게 가고, 노무현은 김영삼을 떠난다.

김영삼이 기세등등하게 노태우 옆에서 서 있는 영상을 본 기억이 난다.

김영삼은 조선 총독부를 부숴다.

만약 나였으면 조선 총독부 위에 김좌진, 김구 이성계 등의 동상을 세우고 'Korea was Win, The freedom forever'라는 문구를 크게 새겼을 것 같다.

아무튼 간에 삼당합당으로 다수의 사람들은 김영삼을 지지하고, 그 다음에 김대중이 당선된다.

김영삼 때는 참 큰 재난이 있었다. 성수대교 붕괴되고 삼풍백화점 무너지고….

물론 김영삼 탓은 아니다.

그때 김성주가 죽었다. 내가 초등학생 때였는데 신문을 봤던 기억이 난다.

김영삼의 당시 대처를 성인이 된 후 들었는데 위엄 있고 통솔력 있다는 생각이 들었다.

김대중의 당선이 조선 현대사에 획기적이었다.

적어도 민주주의적인 승리라고 볼 수 있었으니,

김대중은 북한에 직접 찾아갔던 기억이 난다.

당시 김정일이 김대중을 환대했다.

둘의 회담은 공개되지 않았으니, 민주주의적이라고는 볼 수는 없을 것 같다.

그 후에 김대중이 북한에 국가예산을 보낸 것을 알게 되었다.

국회의 동의는 안 받았을 것이다.

그리고 노무현이 되었다.

노무현 때, 참 소인들이 난리도 아니었다.

대통령이 개혁하려는 것마다 시시콜콜 막아 대며 급기야 무고로 탄핵소추까지 했던 기억.

노통은 북한에 직접 찾아갔다.

2007년 내가 대학 초년생이었는데, 노통이 한 말이 기억난다.

육로로 군사분계선 넘어가며, "많은 사람들이 이 길을 지나가길 바란다고."

노통 2009년에 가셨던 기억. 그날이 기억난다. 호외가 거리에 뿌려졌다.

서초동 거리에서 호외를 봤다.

노통이 검찰 가던 날에 나도 그날 서초동 검찰청사를 지나쳤다. 당시 지지자들이 노란 풍선 들고 서 있었던 기억.

노무현은 자유를 추구했고 헌법정신에 충실했지만,

대다수 무지한 민중들은 그를 알아보지 못했다.

그리고 역적 같은 무리들이 작당하여 대통령을 집요하게 공격했던 것이다.

남조선 민중은 신민인가 시민인가, 나는 신민에 가깝다고 본다.

신민이란 위에서 시키는 것에 무조건적 복종을 해야 하는 무리이고 시민은 이성과 상식으로 판단할 수 있는 분류이다.

노무현을 몰아낸 역적의 무리들과, 다수의 국민들은 이명박을 당선시켰다.

이명박은 뭘 했는지 모르겠으나, 대통령이 되고도 재산축적에 열심이었던 것만은 확실한 듯싶다.

G20 정상회의가 서울에서 열렸던 기억…. 반미열풍을 몰아 괴담을 퍼트리며 시위를 사람들이 했던 기억.

박근혜는 이명박의 뒤를 이어 당선. 남한의 민주주의는 신민이던가…. (뭐, 미국 조지 w 부시도 대통령 부시의 아들이었다면 변명이 되려나.)

박근혜 때 세월호 참사가 터지고, 최순실 게이트가 발생했다.

사람들은 등을 또 돌렸고, 박근혜는 탄핵된다.

헌재 판결문을 보면 삼성 이재용 등을 불러다가 '재단' 설립한다며 돈 걷었던 기억.

박근혜 탄핵되고, 문재인이 당선되었다. 노무현의 변호사 문재인.

문통은 내가 보기에 확실히 '둔재'다. 그리고 그가 한 일은 김정은을 만난 일.

문통은 10년도 못 보는 둔재였지만 나름 열심히 했다고 말하고 싶다.

그리고 윤통이 당선된 지 1년 조금 넘었다. 윤석열은 내가 보기에 '사고'가 제대로 된 사람 같다. 그리고 지금 보고 있는데 군에 충실하고 있다.

남조선 현대 70년사를 짧게 축약해 보았다. 책에서 보았던 문체를 흉내 내서, 담백하게 써 보았다. 뒤에 자세한 일들은 제대로 상술하고 싶다.

지금 조선의 민주주의는 실패라고 평하고 싶다.

신탁통치가 불발된 것 같은데, 미군정 신탁통치가 조금 필요했다고 나는 생각한다.

그러면 적어도 나름의 미국 민주주의를 조선 반도에서 흉내 낼 수 있었을 테니….

지금 국회 언론을 통해 보는 정치현설은 참담하다고 말하고 싶다(2023 1120).

남한의 민주주의에 성숙한 토론과 예의가 갖춰지지 않는 한 난항은 전망된다.

35. 연방한국 군사헌법(이웅)

연방한국 군사헌법

1. 국군은 남과 북이 협력하여 한반도를 대외, 대내적 위협으로부터 지키고, 국민들을 외침으로부터 수호함에 목적이 있다.

2. 연방한국의 군대는 오직 국가에 충성하며, 당과 정권으로부터 독립되고 자유로운 지위와 명예를 가진다.

3. 연방한국의 군대는 부당한 세계적 외침에 정의의 수호자로서 개입할 수 있다. 단 통일한국의 국민의 다수로 선출된 대통령의 결단과 연방국회재적의원 3분의 2 이상의 동의가 필요하다.

4. 연방한국의 군대는 정예화와 모병제를 채택한다. 모든 국민은 군대에 입대를 자원할 수 있으며, 군인은 국가에 의해 지위와 명예 보수, 복지가 보장된다.

5. 국가는 군인이거나 군인이었던 국민의 직계가족의 생계를 사후까지 책임질 의무를 부담한다.

6. 모든 국민은 누구든지, 군 입대가 강제되지 아니한다. 단 전시나 이에 준하는 국가적 위기 상황에서 병력 충원을 위해서 징집을 시행할 수 있다.

7. 연방한국의 군대는 남과 북이 통합으로 편제된다. 연방한국의 군대는 오직 정의를 따르고, 국가와 국민을 외부 내부로부터 수호함에 존재목적을 둔다.

2023 0412 이웅 씀.

(d, daf trge d wad wTtse. wd dtd qded ds wadse.)

36. 시대의 흐름과 역사의 법칙에 관하여

2차 세계 대전 이후로, 새로운 레짐(체제)이 생성되었다.

1945(종전)

우리는 새로운 시대의 초기에 태어난 사람들이다.

자본주의, 민주주의(선거제), 과학(유물론) 이 3요소가 우리 시대의 핵심이다.

시대는 초기, 중기, 말기로 나뉘는데, 대체로 1,000여 년을 가는 것 같다.

우리는 초기에 태어났으니 이 레짐 속에서 죽을 것이다.

지금 시대는 새로운 체제에 적응하고 안정기에 돌입하는 진입로에 놓여 있다.

러시아에서 푸틴이 말썽을 부리지만 얼마 안 가서(10년 내외) 정리될 것 같다.

또한 기이한 체제를 고수하는 북한도 세계의 흐름 안에 편입될 것이다(나의 예측).

가장 급변한 변동기는 시대의 말기인데, 이때는 체제 자체가 변하는 급변한 변동기이다. (두 번의 세계 대전이 이 시기이다.)

우리는 초기에 태어났으니 말기를 경험하진 못할 것이다. 다만 변곡점 속에서 변화를 볼 수는 있다.

아무튼 미래를 그려 보면, 러시아와 북한 또한 신질서 안에 편입되어 가는 과정을 그린다. 그리고 인류는 자본주의의 물결 속에서 성공신화 상업화에 몰두할 것이다.

이윤극대화가 인간의 최대 목적이 되어 '금전'이 주가 되는 세상이 펼쳐질 거라고 예상한다.

37. 헌법상 기본권 침해행위 시 형법적용안

1) 현행 남한의 헌법은 '기본권'을 보장해 놓고 있다. 그러나 실생활에서 헌법상 기본권이 주로 사인(일반 국민)들에게 침해됨에도 불구하고, 실효적 보장을 못 하고 있다.

기본권의 주관적 공권으로서의 역할뿐만 아니라, 기본권의 대사인적 효력의 실효성 확보가 필요하다.

2) 헌법상 기본권을 사인이 침해했을 때 국가는 형사구성요건을 신설하여 처벌함으로써, 국민들의 기본권을 보장할 의무를 부담한다고 나는 생각한다.

3) 예컨대, 인격권의 침해행위가 인터넷에서 비일비재한데도, 국가는 전혀 손을 대지 못하고 있다. 이런 범죄행위들은 헌법상 기본권 침해이며, 형사구성요건 신설을 통해 법에 복속시키고 질서를 수립할 의무가 국가에게 있다.

(일종의 필요악적 통치관이다. 국가의 목적적 활동에 부합하기 위해서는 형사적 제재를 통한 국민에 대한 법적 보호가 국가에게는 '의무'로서 존재하기 때문이다. 이를 해태한 경우 국가는 존재목적 의미를 가지기 어렵다.)

2023 0507 이웅 씀.

38. 한일 협정에 관한 소고

1) 박정희 전 대통령은 한일 국교정상화와 한일 협정을 통해, 일제치하 배상문제를 합의했다. 그리고 배상금을 받아서 국가기반시설 확충에 사용했다.

2) 그러나 그 후 추가로 배상 문제가 논의되고, 한국은 지속적인 배상 요구와 사죄 요구를 했고, 일본은 이를 불쾌하게 여기고 있다.

3) 법학적 관점에서 '국가 간 배상' 문제는 적어도 남한과 일본 사이에 타결되었다고 본다. 국가의 대표가 한 공신력 있는 문서로 배상청구는 완결되었다고 보아야 한다.

4) 그러나 '개인적 피해자의 손해배상청구권'은 아직도 유효하다고 본다. 국가가 대리하여 피해자들의 손해배상을 행사할 수는 없는 노릇이기에, 일본치하 피해자들의 손배청구권은 법학적으로 아직도 유효하다.

5) 책임주의 원칙상 일본의 선대가 저지른 만행이라는 점을 직시해야 한다. 일본의 후대는 어떻게 보면 책임에서 논외로 된다. 다만 역사적 관점에서 만행을 시인하고 반성하며, 함께 미래의 동반자적 지위 확충이 필요하다고 나는 생각한다.

이웅 씀 2023 0508.

39. 시국판단론

러시아가 우크라이나를 침공하고, 이스라엘에서 팔레스타인과 충돌이 일어났다. 팔레스타인 핵심 인사가 사망한 사건이 촉발이 되어, 수백의 로켓을 이스라엘에 발사했다.

중국의 대만침공설이 현재 유럽에서 대두되고 있다. 또한 윤석열 대통령은 기시다 일본 총리와 긴밀히 동맹을 건설하고 있다.

한미일-북중러 간의 대립이 격화될 우려가 높다.

미국 대통령 바이든은 확전(세계 대전)을 막으려고 노력하고 있지만, 전쟁의 불씨는 세계 곳곳에서 번지고 있다.

이 시국이 온건히 해결되기 위해서는 우크라이나가 러시아를 격퇴하고, 전쟁을 종식시키는 데에 있다. 반면 우크라이나 전쟁이 장기화되고, 중국이 대만을 침공한다면 전쟁의 불씨는 점점 확산되어 확전가능성 즉 북한과 남한 또한 전쟁의 소용돌이에 휘말릴 위험도가 매우 높다.

우크라이나 전쟁이 강 건너 불구경이 아니라, 사실 세계 질서에 밀접하게 관련되어 돌아가는 톱니바퀴라는 것을 인식해야 할 것이다.

이웅 씀. 2023 0514.

40. 선덕여왕의 외교

선덕여왕은 여자의 몸으로 신라의 왕위에 올랐다.

당시 신라는 위기였다.

백제의 의자왕은 군사를 일으켜 신라를 침공해서 50여 개의 성을 빼앗았다.

백제의 공격에 시달린 선덕여왕은

김춘추 공을 고구려에 보내서 원군을 요청한다.

그러나 고구려의 연개소문은 과거 진흥왕 시기 분쟁 영토를 신라에게 내놓으라고 했다. 그리고 김춘추를 감금했다.

선덕여왕은 김유신을 보내 김춘추를 구원하고, 당나라에 김춘추 공을 보내서 당의 소정방은 대군을 이끌고 한반도로 들어온다.

나당 연합군이라고 불리는 신라와 당나라의 군대는 백제와 고구려를 멸망시킨다.

그리고 당나라는 한반도 지배의 야욕을 드러내는데, 신라는 한반도 군대를 이끌고 당나라를 몰아낸다.

선덕여왕의 외교술에 대해 내가 평하자면, 당시 신라는 최대위기였고, 나라의 존망이 달린 가운데, 신라를 구원하고 대동강 이남을 통일하는 업적의 초석을 놓았다고 평한다.

혹자는 '외세'를 끌어들였다고 비난하지만, 신라의 국토보존이 선덕여왕의 가장 큰 과제가 아니었을까? 그리고 결과론적으로 신라는 당나라를 몰아냄으로써, 국토를 보전해 냈다.

이웅 남김. 2023 0516.

41. 플라톤의 정치철학에 관하여

스승 소크라테스가 인민재판을 받고,

사약을 받는 것을 본

플라톤은 민주주의에 대해 회의를 품었다.

그는 철인정치론을 주장했다.

즉 한 뛰어난 리더를 중심으로 한 통치체제를 구상했다.

다수가 항상 바른 결정을 내리는 것은 아니기에,

민주주의는 심각한 약점을 가지고 있다.

나 역시 한국에서 살며, 다수의 무능과 횡포를 보며 커 왔기에,

민주제에 회의가 많다.

나 역시,
플라톤적인 이상정치철학을 가지고 있다.

그러나 21c 선거제에서 플라톤적 이상정치를 실현하긴 어려울 것이다. 일종의 국민적 선택권은 정부를 다수의 인민에게 복속시키는 효과를 가져올 것이다. 그것만으로도 선거제는 순기능을 할 수 있다.

42. 신이 부여한 자유, 종교가 빼앗아 간 자유(이웅)

인간 창조의 고등성은 그 피조물이 자신의 의지로 무언가를 선택할 때 그리고 행동할 때 극대화된다.

철학적 개념에서의 '자유의지'와 일맥상통한다. 즉 창조가 고등하기 위해서는 피조물이 컴퓨터처럼 창조자의 의지대로 움직이는 수동적 존재가 아니라

창조자의 의지를 넘어서서 스스로의 의지를 결정할 수 있는 상태일 때 창조의 질이 높아진다는 것이다.

따라서 만약 신이 인간을 만들었다면 그는 인간에게 '명령'을 하지 않을 것이다.

왜냐하면 자신이 부여한 자유의지를 즉 창조의 고등성을 자기 스스로가 깨는 것은 명백한 contradiction(모순)이기 때문이다.

결론적으로 모든 종교적 의무는 신에게서 나온 것이 아니다.

그것은 인간을 창조한 존재가 아닌 것에서 나온 것이다.

즉 모든 종교적 '의무'는 신의 뜻이 아니다.

인간이 사유할 수 있는 모든 것 행동할 수 있는 모든 것은 허용된 것이다. 적어도 우리를 창조한 존재의 인식하에서는….

인간의 관점으로 죄악시되는 행위라도 말이다.

극단적인 예시로 신은 인간에게 살인, 전쟁, 강간 모두를 허용했다.

왜냐하면 그것을 할 수 있다는 것은 그것에 대한 행위가능성, 사유가능성과 선택할 수 있는 의지를 우리에게 부여했기 때문이다.

(그것이 인간사회에서 다수의 도덕률에 의해 평가, 처벌되는 것은 별론으로 하고 말이다.)

이런 극단적 예시는 흔히 종교적 관념의 '악'이라는 것과 신의 존재와의 모순을 불러일으키는데 논리적 결론상 신은 인간에게 인간이 할 수 있는 범위에서의 모든 행위 그것이 인간의 관념으로 악이라고 불리더라도 허용했다는 필연적 결론이 도출된다.

요약하자면 창조의 고등성을 유지하기 위해서 신은 인간에게 어떤 '강제적 명령'도 하지 않는다.

즉 신은 그가 의도한 최대한의 범위에서 인간의 생각의 다양성 행동의 다양성을 부여했다는 것이다.

즉 신은 인간을 자유하에 두었다는 것이다.

그러나 역설적으로 종교는 신의 이름으로 우리의 자유를 빼앗아 간다.

토마스 아퀴나스가 남긴 말이 마음에 든다. "이성으로 만들어지지 않은 질서(ordo quem ratio non facit)" 그는 보았다. 그의 지문을.

나는 더 나아가 '다르마'라고 불리는 신법체계가 있다고 생각한다. 우리보다 초월적 세계에서 관할하는 보이지 않는 법체계가….

43. 베이컨의 4대우상론

진리의 세계 진실의 세계를 가로막는

4대우상이 있다.

그중에서도 두 가지를 말해 보고 싶다.

(1) 권위의 우상

권위의 베일에 가려져서 진실을 가리는 우상.

즉 권위적 존재의 말을 무비판적으로 수용하는 인간의 인식오류체계를 드러낸다.

(2) 언어의 우상

언어를 통해 진실을 가리는 우상.

이 두 가지를 말하고 싶다.

이웅 2023.

44. 국제법의 법적 한계

앞서도 언급했지만,

현재 국제법은 강행력의 부재로 조약 중심으로 운영된다.

즉 주권국가들의 '자발적 합의', '자발적 이행'을 전제조건으로 하고 있다.

법이란 것은 '강행적 효력'으로 통용되는 것인 만큼,

세계질서에 있어서, 강행적 국제법을 수립할 필요가 있다고 나는 확신한다.

러시아의 침공사태는 국제규범의 부재를 그대로 드러내어 주었고,

주로 주권국을 중심으로 조약 중심의 미개한 인류의 국제법 체계를 여실히 드러냈다.

현행 세계질서는 국가 간 교섭 그리고 강대국들의 사실상의 영향력(미국, 중국)으로 움직이고 있다.

즉 아노미(무규범) 상태라고 봐도 무방하다.

무질서 상태에서 정의와 질서 그리고 윤리를 강행하는 것은 법이고,

국제질서에도 그대로 적용된다.

이웅 씀 2023 0520.

45. 북한정권 분석

공산당의 색채가 깊은 북 정권의 리더는 집권 이후 단 한 차례의 군사적 도발도 하지 않았다.

선대가 여러 군사적 도발을 감행해 온 것에 비하면, 지금 3대는 온건한 사람임을 알 수 있다.

내정으로 김정남, 장성택이 사살되었지만(도덕적 규탄은 별론으로 하고),

사실 남한에 있어서 어떤 도발도 없었던 점을 고려하면, 현 북한 정

권 리더의 온건성을 알 수 있다.

첨언하면 김정은은 어쩌다가 북 수령의 아들로 태어난 것이지, 남한에서 인식하는 '주적'은 아니라고 나는 말하고 싶다.

지금은 미국을 중심으로 세력이 커진 남한이 북한을 압박하는 형세이다.

점점 국력 차는 여실히 드러나고, 뚜껑이 열리면 남한의 필승이라는 것을 알 수 있다.

이웅 2023

46. 어제의 적은 오늘의 동지

1) 한일동맹이 사실상 결성되었다. (중국을 견제하기 위한)

2) 터키의 에르도안의 당선이 확실시되고, 터키는 러시아의 우군이다. (과거 터키와 러시아는 충돌한 적이 있었다.)

3) 아프리카 외교가 국제사회에서 새롭게 화두될 것이다.

4) 독일은 과거 전범국이었으나 서유럽의 일원으로 편입될 것이다.

이웅 남김. 2023 0522.

47. 간호법과 국내정치 관련 소고(2023)

윤통이 간호법 거부권을 행사했다. 의료계에서 '조수'로만 인식되는 간호사에 대한 일종의 '기득권적 의식'으로 거부권을 행사한 듯하다.

간호사 역시 독립 의료진으로 개별법을 통해 규율하여야 하는데 윤통의 거부권행사는 지극히 기득권우대고 자의적이라고 나는 본다.

(윤통을 보면 반노동자적이고 기득권을 우대하는 행보를 계속 보이고 있다.)

야당은 사사건건 물론(여당)도 상대 당을 비난만 하는 원색적 정치에만 초점이 가 있다.

국가와 국민 그리고 민족과 미래를 고려하지 않은 채,

투견 같은 혓바닥으로 상대 당을 모함하고 헐뜯는 일에 집중되어 있다.

국내정치 뉴스는 거의 멀리하는데, 이런 시간이 계속될 것 같다.

당금에 국가의 위기상황에서 나라를 위하는 이도, 국민을 위하는 이도 거의 찾기 드물다.

상대 당을 비난해서 지지율을 깎아내리고 자신들이 당선되겠다는 망령된 행동만이 정치권을 지배한다.

불행 중 다행은 현재 한국 리더(윤석열)가 꽤 강단 있고 결단력 있는 사람이라는 것일 것이다.

이웅 남김. 2023 0524.

48. 일본학자들이 본 조선의 당파성론

일본이 조선을 점령하고, 조선사를 연구하면서, '당파성론'을 등장시켰다.

즉 조선은 파당을 나누고 늘 대립해 온 정치를 가졌다는 것이 일본

학자들의 견해이다.

민족주의적 관점에서(한국인이기에) 일본의 견해를 일방적으로 무시하는 행위는 옳지 않다.

그들은 밖에서 조선을 보았고 실제로 조선에서 계속 이어진 당쟁(당파성)은 조선이 망하게 하는 결정적 원인으로 작동했다.

현재 대한민국은 헌법에 '복수정당제'를 보장하고, 각 당의 활동을 보장하고 있다.

그런데, 이 당들이 서로 다투며 상대 당을 폄하하고 깎아내리기에 바쁜 나머지, 국내 정치는 추태와 불발전의 연속이다.

일본인들이 보았던 조선정치의 '당파성론'을 간과해서는 안 된다.

나는 이 글에서 중국의 국공합작을 소개하고 싶다.

일본이 중국 본토를 공격했을 때 당시 중국은 내전이었음에도 불구하고 국민당과 공산당은 함께 일본군과 격돌한다.

'애국', '국민'이 정치의 최우선 과제가 되는 풍조를 만들어야 한다.

그러나 정치권력욕에 물든 지성이 미약하고 못난 인간들이 국회에 들어가서 상대 당을 비난만 하는 세태를 보니 환멸감에 이르는 듯하다.

이웅(2023 0524 야밤에)

49. 마르크스와 공산당

마르크스는 경제구조의 부조리를 정확히 지적했다.

즉 마르크스는 자본가는 계속 이윤을 얻고 노동자는 그 도구로 전락하는 경제행태를 보았다.

쉽게 예를 들면 지금 택시회사에서 택시기사들은 자신들이 태운 승객만큼의 돈을 가져가지 못한다.

사납금으로 회사에 돈을 내고 월급을 받아 간다.

회사의 주주는 일을 하지 않고 '경영'을 하면서 택시기사들이 번 돈의 대부분을 가져간다.

그래서 마르크스는 이 경제의 부조리를 시정하고자 생산수단의 공유를 주장했다.

그러나 그는 구체적인 문제점만을 보았지, '현실적 측면'을 도외시한 부적절한 생각(공산당)을 만들어 냈다.

이 공산당은 당시 유럽에서부터 불길처럼 번져 나갔다.

역사실험이 시작되었다. 소련, 중국, 북한이 대표적 공산당 국가로 시작했다.

이 역사실험에서 소련은 붕괴했고 중국은 개방정책으로 나아갔으며, 북한은 세상에서 가장 빈국(가난한 국가) 중 하나가 되었다.

마르크스가 했던 말은 분명 일리가 있다. 즉 경제적 불공정이 세상에 존재한다.

그러나 그 해결방식에서 공산당은 적절하지 못했다.

또한 지금도 맥을 잇는 현재 노동운동을 보면 노동자들은 '돈 더 놔'가 주요 테마이지, 경제적 불공정, 노동인권에 대해서는 거의 말이 없다.

즉 세상을 바꾸고 부조리를 시정하며 약자를 보호하는 '노동운동

이 아닌'

노동자들이 돈을 더 달라고 난폭하게 구는 것이 노동운동으로 전락해 버린 현실이다.

아무튼 변증법적 발전론에서 자본주의 이후의 세상에 대해 우리는 생각해 보아야 한다.

현재는 자본주의가 잠식하고 있는 세계지만, 그 이후의 단계가 분명 존재할 것이고 그다음 패러다임은 경제적 공정, 만인의 풍요추구여야 할 것이다.

우리는 그런 세상을 보지 못하고 자본주의 속에서 지구에서 떠나겠지만, 이상사회란 무엇인지, 그리고 현재의 단점을 극복하고 나아가는 세상에 대해서 진지한 성찰과 고민이 필요하다고 나는 확신한다.

마지막으로 마르크스는 '생산수단의 공유화'와 '유혈폭력'을 주장했는데 동의하지 않는다.

노동자들의 마르크스주의적 행위는 타인의 소유권에 대한 침해에 다름 아니다.

이웅 남김. 2023 0524.

50. 예수재판 연구

유대인의 산헤드린 재판정에 예수가 잡혀 왔다.

사람들을 속이고 자신이 그리스도라고 전파했다는 이유에서였다.

유대인 랍비들은 유죄를 선고한다.

세상에서 자신이 신이 선택했다거나, 그리스도라거나 신의 대리인이라는 '거짓말'을 하고 다닌 인간은 많다.

예수도 그중 하나였고, 조금 더 사기가 치밀하고 조직적이었던 점이 다르다.

산헤드린 법정은 당시 로마 총독 본디오 빌라도에게 예수를 넘긴다.

빌라도는 유대인의 종교 문제에 관여하기 싫어했다.

그러나 유대인들은 강력히 예수를 고소, 고발했고 빌라도는 십자가형을 내린다.

예수의 죄는 '종교적 죄'라고 나는 본다.

민중들에게 나타나서 자신이 그리스도라는 사기(FRAUD)를 행위한 종교사기범죄자 중 하나다.

그리고 예수 또한 통상의 사이비 교주들이 그렇듯, 성도들의 돈과 노동력 성(SEX) 등을 착취했을 개연성이 매우 높다.

그런데 예수 사후에, 이 민간미신이 널리 퍼져서 현재 3대종교 중 하나가 되었다.

예수 사건은 인류사 최대의 오점이자 인류지성의 최대 수치로 기억될 것이다.

예수가 그리스도로 둔갑된 것은 지구의 수치가 아닐까?

이웅 남김. 2023 0524.

51. 문재인 정부의 평화정책과 그 실패(2023 이웅)

판문점에 김정은과 문재인이 나란히 섰다. 문재인은 자신 있게 말했다.

"한반도에 더 이상 전쟁은 없을 거라고."

그러나 얼마 지나지 않아 탈북단체를 중심으로 대북전단이 북에 살포되자,

판문점 선언은 휴지 조각으로 변했다.

나는 문재인의 정책에 대해 이렇게 평하고 싶다.

먼저 '비핵화'라는 수를 두는 것은 어리석은 것이다.

북한의 핵무기는 북한의 국가보물이다. 그 보물을 없애라고 한다면 순순히 응할 국가가 어디에 있을까?

남한정부는 상대를 존중하며, 인정할 것은 인정하면서, 평화로 나아갔어야 한다.

비핵화의 잣대를 북에게 들이댐으로써, 북 또한 떳떳하지 못한 협상을 하고 말았다.

차라리 남한이 북한의 핵 보유를 인정하고, 종전서명과 영구 평화 조약을 맺었더라면, 지금은 상황이 더 낫지 않았을까?

또한 당시 북의 실세였던 김여정을 인터넷에서 볼 기회가 있어서 나는 김여정을 자세히 살펴본 바 있다.

나는 김여정이 남한에 총탄 한 발도 쏘지 않겠다는 글을 쓴 것을 직접 보았다.

이런 상황으로 보아 충분히 남과 북은 이성적인 평화조약을 체결할 수 있었다.

그렇지만 남한의 무리한 비핵화 요구, 그리고 비현실적인 문재인의 몽상은 평화협상을 가식적으로 체결하게 했으며,

남북의 만남을 일시적 감상으로 전락시켰다.

또한 당시 탈북단체를 중심으로 대북전단이 살포되었을 때 남한 정부는 법이 없다는 근거로 막지 못했고(충분히 행정명령으로 통제 가능했다.)

북한은 남한이 약속을 먼저 어겼다며 판문점 선언을 휴지로 만들었다.

참 우유부단한 남한 행정부의 대처가 아닐 수 없다.

최근 퇴임한 문재인을 보니 아직도 정신을 못 차리고 비핵화 운운하는 것으로 보아 전혀 북한을 이해하지 못하는 몽상 속에 헤매는 것 같다.

아무튼 당시 북한에 대한 낮은 이해도를 바탕으로 '핵만 없애면 평화'라는 멍청한 공식논리는 또한 대북전단 살포를 막지 못한 남한정부의 책임은

한반도의 평화를 가져올 수 있는 결정적 계기를 놓치게 했다.

개인적으로 내면에 품은 깊은 평화계가 있는데, 여기에는 남기지 않으려 한다.

이웅 씀 . 2023 0524.

52. 법과 사람(2023 이웅)

한 규정이 있다고 가정해 보자.

예컨대 무국적자는 의료 시스템을 이용할 수 없다는 가정규범을 생

각해 본다.

그런데 무국적자가 교통사고를 당해 응급실에 갔다.

의사들은 규정을 근거로 치료를 거부했다.

여기서 "'법'이 먼저인가 '사람'이 먼저인가?"라는 화두를 나는 남기고 싶다.

대체로 지금 법 운영은 '법' 중심의 규율이다.

정말 소중한 것을 간과한 채로, 대법원도 그리고 행정법률가들도

'법 중심으로 운영한다.'

그러나 법 이전에 있는 실질 가치인 '인간'에 대해 우리는 생각해 보아야 한다.

국내에서도 특별히 이름을 언급하지는 않겠지만 '인간중심의 법사상'을 가진 국회의원과 변호사를 나는 본 적이 있다. 이들은 매우 희귀한 귀금속과 같다.

아무튼 나는 이 글에서 법이라고 무조건 지켜야 하고, 적용해야 하는

형식적 사상에서 벗어나, 더 중요한 가치를 역설하고 싶다.

이웅 남김. 2023 0527.

53. 독일의 법원제와 한국 대법원에 대한 개혁론

독일은 대법원이 분산되어 있다. 행정, 조세, 형사, 민사, 노동, 특허 등

각 분야로 대법원을 운영한다.

지금 한국은 대법원장을 위시한 14명의 대법관들이 모여서 3명씩 부로 나누어 재판하는데,

국내의 모든 상고사건을 제대로 검토할 수 있는 시간과 여력이 될까?

우리나라 역시 대법원을 각 분야별로 분산해야 한다고 본다.

예컨대 노동사건을 전담하는 노동대법원, 특허 사건을 전담하는 특허대법원.

지금 상고사건은 대다수가 기각되는데, 일선에서는 비싼 변호사 비용을 내고 5줄의 상고기각 판결문을 받는 데에 용납할 수 없다는 의견이 대부분이고 국민의 사법불신을 초래하고 있다.

상식적으로 14명이서 나눠서 대한민국 모든 상고사건을 심리한다는 것 자체가 과도한 업무 부담이 아닐 수 없다.

판사의 수를 대폭 늘리고, 독일처럼 대법원을 분할하여 각 사건에 전념하게 하는 것이 맞다.

또한 과거 양승태 대법원장 시절 법무법인과 대법원의 유착과 판사 사찰이 문제되었다.

법원의 재판사무와 행정사무, 인사사무를 분리하여 판사는 재판에만 전념하게 하고, 법원행정사무와 법관인사에 관여할 수 없게 해야 한다고 본다.

몽테스키외는 그의 저서 《법의 정신》에서 권력분립론을 제창한 바 있다. 이는 법원 내부에도 그대로 적용되고, 지금 한국의 법원운영체제는 많은 문제점을 노출하고 있다고 밝혀 둔다.

썩은 것이 곪아서 큰 병이 되기 전에 개혁이 필요하다고 본다.

현행 법원제도는 헌법에 규정되어 있어서, 법원을 개혁하기 위해서는 헌법개정이 불가피하다.

아무튼 나는 한반도의 미래에 급격한 변화가 있을 거라고 예상하고 있고, 헌법개정 시한이 되면 한국의 법원제도 개혁이 필수적이라고 생각하고 미리 남겨 둔다.

2023 0528 이웅 남김.

54. 일본국 평화헌법

1) 일본군함이 2023 0529 오늘 부산항에 입항했다.

2) 일본의 평화헌법 조문을 찾았다.

종전 후 미국이 쓴 이 일본헌법은

일본국의 무력사용을 제한하고 있다.

그러나 후대가 평하기를, 비현실적인 조항이 아닌가 싶다.

헌법이라는 것은 실효성을 확보하기 위하여 '현실'과 결부시켜야 하는데, 맥아더가 쓴 건지 불분명하지만 미국 초안자들은 현실을 지나치게 간과했다.

3) 미국과 일본의 북한에 대한 적대적 행위는 사실상 민족박해이다.

그러나 남한에서 누구 하나 민족 애국을 말하는 이 없으니, 한탄하며 남긴다.

(2023 0529 이웅)

일본 헌법

RENUNCIATION OF WAR

Article 9. Aspiring sincerely to an international peace based on justice and order, the Japanese people forever renounce war as a sovereign right of the nation and the threat or use of force as means of settling international disputes.

In order to accomplish the aim of the preceding paragraph, land, sea, and air forces, as well as other war potential, will never be maintained. The right of belligerency of the state will not be recognized.

55. 전범국

아직 일제치하 피해가 완전히 해결되지 않은 상태에서 욱일기를 게양한 일본군함이 부산항에 오는 것은 시기상조가 아닌가 싶다. 일본이 한반도 침해를 공식적으로 사죄하고, 다시는 전쟁범죄를 일으키지 않는다는 확답이 필요하다(웅 2023 0529).

56. 애국주의

만약 우리가 북한에서 태어났다면 어땠을까? 인간은 그 환경과 체제에 속하며 적응하고(99% 이상은 그 시대의 체제를 넘지 못한다)

관점을 바꿔 보면, 미국과 일본의 북한에 대한 경제제재, 그리고 탄압은 같은 한민족에 대한 탄압이다.

미국은 핵탄두를 수백 개 보유해 놓고, 북한이 핵 보유를 하는 것을 왜 제재하는가?

미국은 핵 보유를 해도 되고, 북한은 안 되는가?

묻고 싶다.

이웅 남김. 2023 0529.

57. 도쿠가와의 맹세

우리에게 임진왜란으로 잘 알려진 도요토미 히데요시는 일본의 전국시대를 통일한 인물이다.

히데요시는 도쿠가와를 총애했는데, 히데요시가 죽기 전 중추적 신하들을 모아 놓고,

아들 히데요리를 보필할 것을 맹세케 한다. 도쿠가와 이에야스도 여기에 있었다.

그러나 히데요시 사후 도쿠가와는 전권을 잡고 치열한 전투 끝에 히데요리를 오사카 성에서 죽게 한다.

반면 소열황제와 제갈량 이야기도 해 보고 싶다.

유비(소열황제)가 육손에게 패하고 백제성에서 제갈량에게 아들 후

주 유선을 보필할 것을 부탁한다.

제갈량은 끝까지 유선을 보필했다.

진정한 충심은 마음에서 나오는 것, 어찌 사람을 구속하는 맹세일까….

이웅 남김. 2023 0529.

58. 나의 뿌리(혜비)

나는 나의 뿌리에 대해 그다지 많은 관심을 갖지 않았다.

가문이니 혈통이니 하는 것을 내세우는 것을 싫어해서,

철저한 개인적 자아감으로 살아왔다.

그런데 나의 직계 조상을 살펴보며 그들의 삶을 보는 것도

하나의 의미 있는 일이리라.

내 직계(부계) 조상 중에 혜비라는 분이 계셨는데,

익재 이제현의 따님이다.

이 혜비란 분이, 공민왕과 혼인했다는 사실을 알게 되었다.

그리고 나중에 공민왕은 시해(살해)되는데, 혜비는 절에서 말년을 마쳤다고 한다.

참 신기하기도 하고 아련하기도 하다.

이웅 남김. 2023 0529.

59. 논리와 영감

논리와 영감(怜感)

소크라테스의 제자는 플라톤, 그리고 플라톤은 아리스토텔레스의 스승이다.

플라톤과 아리스토텔레스는 불세출의 기재였다.

두 명은 각자 다른 방식으로 진리를 추구했다.

플라톤은 형이상학적 초월적 직관에 뛰어났다.

그는 고차원의 세상을 열었고, 심오한 비유와 이데아론을 남겼다.

반면 아리스토텔레스는 논리학의 대가였다. 그의 눈부신 업적은, 아직도 빛나고 있다.

이성적 논리적 수리적 사고에 탁월한 아리스토텔레스.

그리고 형이상학적 초월의식을 추구했던 플라톤.

이 두 명의 Maestro는 아직도 인류의 스승이다.

이웅 남김. 2023 0529.

60. UN안전보장이사회에 관하여

위에서 언급했지만 또 남기자,

미국, 러시아, 중국, 영국, 프랑스 이 5개 국가가 표면상 세계의 안전을 주관한다고 한다.

그러나 안보리 국가 중 하나인 러시아가 우크라이나를 불법적으로 침공했다.

세계의 COMEDY(코미디)가 아닐까?

안보리를 폐쇄하고

국가들이 회원이 된 총회에 안전보장 안건을 넘기는 게 맞다.

웅 2023 0531. (러시아가 우크라이나를 침공한 시기이다.)

61. 윤석열 분석

이명박은 집권 시절 국가정보관을 통해 선거에 개입했다.

국정원장 원세훈과 기무사령부에 지시를 내려, 여론조작, 댓글공작을 시행했다.

즉 선거를 조작하려 했다.

그 후 이 사건이 문제되자 당시 윤석열은 검사로 이 사건을 수사했다.

윤석열은 대통령까지 연루된 이 범죄에 계속 수사를 강행했고 국정원 직원을 구속한다.

그런데 상부에서 윤석열이 권력형 범죄를 계속 수사 강행하자, 직위를 배제시켰고 윤석열은 좌천된다.

그 후 문재인이 대통령이 된 후 윤석열은 그 능력을 인정받아 검찰총장에까지 오른다.

그 후의 이야기는 아는 바와 같다.

윤석열은 당시 "나는 사람에게 충성하지 않습니다."라는 명언을 남긴다.

대쪽 같고 법에 충실했던 한 검사가 대통령까지 올라갔다는 것은 꽤 재미있는 일이다.

웅 남김. 2023 0531.

(첨언하면 윤석열의 정의관은 완전하지 못했다. 2024 0714 이웅)

62. 러시아 민중과 민주주의

러시아 대법관이 푸틴을 찾아갔다. 그 이유는

우크라이나는 원래 러시아 영토라는 것을 알리기 위해서.

예전 지도를 들고 푸틴을 예방했다.

지금 러시아 상황은 과거 박정희 시대와 비슷하다.

푸틴의 연임 그리고 독재에 러시아 민중들은 그대로 따르고 있으며, 불법적 침공에 대해서 러시아 민중들은 침묵하고 있다.

푸틴은 악법을 통해 민중들의 반발을 내리누르고 있으며, 러시아 민주주의와 시민의식은 퇴보한 채 머물고 있다.

그러나 시대의 바람은 자유와 이성을 향하고 있으며,

악수(惡手)를 둔 푸틴은 결국 패망의 길을 걸을 것이라고 예상된다.

우크라이나 침공은 푸틴의 결정적 실수였고, 그는 죽음으로 그의 계획을 마무리할 듯 보인다.

웅 남김. 2023 0531

63. 양승태 대법원장과 미쓰비시 사건

일본에 강제징용 된 피해자가 일본기업 미쓰비시를 상대로 소송을 냈다.

일본기업 측 대리는 국내 최대 로펌 김앤장이 맡았다.

그런데 김앤장 측 변호사가 당시 대법원장 양승태에게 찾아가서 '독대'한 사실이 인정되었다.

소송의 한 측을 맡는 변호사가 소송 외적으로 대법원장에게 사적으로 찾아간 이유는 무엇일까?

그리고 그것을 만난 양승태 대법원장의 저의는 무엇일까?

또한 양승태 대법원장 시절 법원 내 진보적 판사들의 모임이 있었는데, 양승태는 이를 사찰하고 인사에 반영했다는, 내부 고발이 있었다.

당시 이탄희 판사는 이에 반발해서 법원 내부를 고발한 바 있다.

지금 이탄희는 국회의원직을 수행 중이다.

이전부터 법을 다루는 이들을 처벌하는 것은 어려워서 법원 검찰은 일종의 치외법권적인 성역화가 되었다.

임은정 검사가 검찰 내부고발을 충실히 수행하고 있다(2023).

과거 노무현 대통령은 권력형 비리 그것도 성역층에 대한 비리를 바로잡기 위해 '공수처' 창설을 기획했다.

노무현이 죽은 후, 문재인 시절 공수처가 설립되었다. 그러나 제대로 역할을 하고 있는지는 미지수다.

웅 남김. 2023 0531.

(지금 돌이켜 보면, 노무현 대통령의 선견이 맞았던 것이다. 물론 모든 그의 정책에 동의하는 것은 아니다. 경찰, 검찰, 사법부는 치외법권적으로 운영되었는데, 이를 제재할 기관이 필요하다고 생각한다.)

64. 역사가 평하는 나(이웅, 경주 이씨)의 선조 이제현

이제현(李齊賢, 1287~1367)은 1287년(충렬왕 13)에 출생하여 1367년(공민왕 16)까지 활동한 인물로 당시 고려사회를 대표하는 정치가이자 학자이다. 문하시중(門下侍中)이라는 고려 최고의 관직까지 올랐으며, 그가 남긴 수많은 글과 더불어 해박한 식견은 현재는 물론이고, 당시 사회에서 이미 존경받고 있었다. 그가 활동하던 시기는 100여 년간에 걸친 무인(武人) 지배로 인한 후유증과 함께 원(元)의 정치적 간섭을 받던 시련의 시기였다. 이제현은 이러한 시기에 수차에 걸쳐서 원을 왕래하기도 하고, 표문(表文)을 올려 원의 부당한 내정간섭을 비판하면서 고려의 주권을 보전하기 위해 갖은 노력을 다한 인물이라 평할 수 있을 것이다.

이제현[李齊賢] - 원 지배기에 고려를 지킨 정치가(인물한국사, 정성희, 장선환)

65. 뇌양현의 방통

봉추 방통은 당대의 인재였다.

그런데

외모가 볼품없어서 늘 무시당했다고 한다.

수경선생 사마휘는 봉추 방통을 놓고,

방통 같은 인재를 얻는 것은 '한 국가'를 얻는 일과 같다고 평한 바 있다.

방통은 군주를 찾았는데 동오의 손권을 찾아간다.

손권은 방통의 겉모습만 보고, 등용하지 않았다.

방통은 소열황제 유비를 찾아간다.

유비 역시 방통을 탐탁지 않아 했고, 뇌양현의 현령이라는 자리를 준다.

방통은 고을 일을 내팽개치고 술만 먹는다.

성미가 급한 장비가 현을 감찰하러 나와서 방통을 추궁한다.

방통은 그제야 옷매무새를 가다듬고 현의 일을 짧은 시간 안에 처리했다고 한다.

장비는 사람을 알아보고 방통을 촉나라의 부군사로 추천한다.

방통은 유비를 도와 서천정벌에 공을 세운다.

그러나 매복계에 걸려 젊은 나이로 전사하는데 그의 나이 불과 30대였다.

무언가 내가 가장 공감이 되는 인물, 봉추 방통.

이웅 남김. 2023 0601.

66. 순수한 학문의 세계에 관하여(2023 이웅)

나는 정치, 역사, 군사를 좋아해서, '마키아벨리즘'을 많이 접한다.

치열한 암투 모략도 있고, 바른 정신과 충신 그리고 어진 왕도 있다.

뛰어난 기재도 있고 비운의 천재도 있다.

그리고 탐욕에 물든 속물도 있다.

그러나 차원을 높이면 내가 아는 바로는

인류가 존재한 후 '지구상에서 도달한 이가 몇 안 되지만'

'순수한 차원의 세계'가 있다.

세속의 난잡함이 들어갈 수 없는 신성한 성역이 있다.

이웅 남김. 지구에서 2023 0603.

67. 컴퓨터의 진화 - AI 인공지능

지금 컴퓨터는 입력 시 빠른 실행을 골격으로 한다.

인간이

A 값을 누르면 컴퓨터는 A를 바로 시행한다.

그러나 컴퓨터를 움직이는 알고리즘이 진화하며

머신 러닝이라는 AI(인공지능)가 개발되고 있다.

AI는 특이한 게 즉 지금까지의 컴퓨터와 다르게

알고리즘을 스스로 개발해서 움직인다.

즉 컴퓨터가 인간처럼 학습하고 강화하고 발전한다.

대표적 예로
구글이 개발한 AI 알파고는 바둑에서 이세돌을 격파했다.

AI는 일상생활에서부터

군사 분야까지 다양하게 활용될 것이다.

나는 흥미로운 미래를 그렸는데

AI가 인간의 통제범위를 벗어날 정도로 진화할 수 있다.

즉 급속도로 진화하는 알고리즘은
컴퓨터가 인간의 명령을 거부하고 독자적 의사결정 단계까지 나갈 것이다.

그렇기에 인간은

AI 설계에서 항상 안전장치를 담보해 놓아야 한다.

분명한 것은 인류는 AI로 보다 편리한 생활을 영유할 것이다.

그러나 AI는 새로운 위협을 낳을 것이다.

특히 파괴적인 무기를 양산하는 군사 분야 AI의 진화는 가장 경쟁적이고 위협적일 것이다.

또한 미래의 범죄도 진화할 것이다.

해킹 등 금전편취

그리고 각종 사생활 침해 등 신종범죄가 늘어날 것이다.

나는 이렇게 결론 내리고 싶다.

AI 자체는 무궁무진한 발전가능성을 가진 분야다.

그러나 늘 기술을 악의로 사용하는 인간이 있고,

기술이 그 자체로 통제범위를 벗어난다면 인류는 새로운 국면을 맞이할 것이다.

예컨대

범죄자들이 AI로 금융관 비밀번호를 알아내거나

컴퓨터 알고리즘이 통제권과 실권을 가진다면, (전투로봇 부대나, 대량 살상무기 자동격발기능) 생명 없는 괴물이 탄생할 가능성도 있다.

이웅 남김. 2023년에…

68. 假手硫參

나토는 지금 전쟁을 관망하고 있다. 우크라이나 옆에는 나토국가

폴란드가 있다.

내가 우크라이나인이라면, 어찌되었든 전쟁을 승리로 이끌어야 한다면,

Evil Action(악한 일) 하나를 선택지에 넣을 수 있다.

우크라이나군에게 러시아 군복을 입힌 후에,

폴란드 마을에 침공시킨다.

그리고 사보타주(시설파괴공작) 등을 행한다.

여기서 여자나 어린이 등 인명살상을 하면 작전성공률을 더 높일 수 있긴 하나 '윤리'상 고려대상에 넣을 수는 없다.

그리고 러시아군 소행이라고 폴란드 정부에 인식시킨다.

그리고 대통령이, 폴란드 수장에게, 우크라이나가 점령당하면, 그다음 러시아는 폴란드를 공격할 것이라고 부추기며 폴란드의 참전을 유도한다.

폴란드군이 전쟁에 개입하면, 우크라이나 입장에서는 훨씬 이득이 된다.

즉 정리하면, 우크라이나군을 러시아군으로 위장하여 폴란드에서 만행을 행하고, 폴란드인들의 러시아에 대한 반감을 부추긴다. 그리하여 폴란드를 아군에 포섭함으로써 적을 격멸하고 전쟁승률을 높이는 계략이다.

전통적으로 정보기관의 Covert Action(비밀공작) 수행안이라고 볼 수 있다. 그러나 상당히 Evil(악한) 계략이긴 하다.

만약 실제로 수행하려 한다면, 엄청나게 극비로 진행되어야 하는 작전이다. 우크라이나 소행이라고 알려진다면 역효과가 날 수 있는 위험 부담이 많은 계략이다.

만일 내가 우크라이나군 정보관을 이끈다면, 그리고 전황이 급격히 불리해지면 이 계략을 쓸 것이다.

러시아에 나라를 잃고 노예가 되느니, 국가를 지키기 위해 이 정도 계략은 쓸 수 있지 않을까?

아무튼 우크라이나군에 감정이입을 해서 계략안을 만들어 보았다.

이웅 남김 2023 0619.

69. 우크라이나 군대 정보기관(HUR)의 4대 임무

1) Intelligence gathering: The GUR MOU collects and analyzes information on military threats and potential conflicts, including information on foreign militaries, terrorist organizations, and other potential threats to Ukraine's security.

2) Counterintelligence: The agency conducts counterintelligence activities to prevent foreign intelligence services from conducting espionage activities against Ukraine's military and its institutions.

3) Military planning: The GUR MOU provides military intelligence support to Ukrainian military planners, including information on enemy capabilities, disposition, and intentions.

4) Special operations: The agency conducts special operations to support Ukrainian military goals. This can include targeted intelligence gathering, sabotage, and other covert operations.

70. 마속을 기리며

내가 젤렌스키 옆에 있었으면 이런 계책을 말해 줬을 것 같다.

언론에 젤렌스키가 나타나서,

'러시아 고위 군 인사가 우크라이나에 협조하고 있다. 보안상 실명을 말할 수는 없다.'

라고 발표하게 한다.

물론 허위정보다.

그러면 러시아 당국은 이 말을 믿고, 내부 방첩을 행할 것이다. 그리고 무고한 인사들이 스파이로 몰려 숙청될 것이다.

러시아 내부의 균열을 유도하기 위한 전략이다. 충분히 통할 것 같다.

그리고 실제로 우크라이나인들을 러시아군 고위인사들에게 접근시켜서 '돈'으로 유혹해서 스파이를 만들어 내는 시도도 해 보고 싶다.

마지막으로 우크라이나 고위관료를 위장간첩으로 만든다. 러시아에 정보를 제공하겠다고 접선하게 한 후, 처음에는 계속 진실된 정보를 준다. 그래서 러시아 당국이 우크라이나 첩자를 믿게 한다. 그러다가 결정적인 순간에 허위정보를 주어서 오판을 유도한다.

이웅 2023.

71. 봉하마을

봉하마을.

우연일까 필연일까?

봉하마을의 한문 뜻은

'불꽃이 하강하다'라는 뜻이다.

고 노무현 대통령께서 서거하신 곳이기도 하다.

예전에 풍수지리학이 고려 때 유행했었다.

참 우연 같기도 한 지명….

내가 보는 노무현

열정 많은 개혁가. 정치연구가. 정의를 쫒았던 사람. 정 많은 사람. 사고가 깊었던 사람.

72. 선천적 능력과 후천적 능력에 관하여

(1) 천재에 관하여

나는 가끔 지구의 상대적 환경에서 뛰어난 인간을 봤다.

대중에게 알려진 이도 있었지만, 리튬인간(인간이 발견 못 한 희귀원소)도 봤다.

이들은 하늘의 선물을 받았다.

(2) 후천적 노력에 관하여

그리고 나는 생각했다. 선천적 능력은 하늘이 부여한 것. 어떻게 보면 노력 없이 주어진 하나의 환경이다.

그리고 자유의지 속에서 진정한 인간의 능력이란 '후천성'에 있다는 것을 알게 되었다.

즉 진정한 능력은 선천을 벗어난 후천에 있다.

이웅 남김(2023 0731)

73. 아리스토텔레스와 알렉산더

알렉산더는 대제국을 건설한 군왕이고,

아리스토텔레스는 그의 스승이자 대학자였다.

아리스토텔레스는 신비의 지식을 소유했고 알렉산더에게 전수한다.

그런데 아리스토텔레스가 다른 제자를 두고 외부에 이야기하자,

알렉산더는 스승에게 격분한다.

이 부분이 재미있다.

나는 세상을 보며 이렇게 생각한다.

성공주의에 따른 세속화는 사람들에게 한계까지 자신을 보이게 했고,

다들 거창한(?) 명함을 가지거나 이를 탐낸다.

뜻있는 채
은거하는 이 당금에 드물다(없다).

뭐 나는 피타고라스처럼 지구상에 비밀집단을 만들려는 시도는 하지 않겠다.

이미 있는 것으로 족하지 않나 싶다.

바람처럼 왔다가 머물고 떠난다.

웅 2023.

74. 종교론

거의 모든 지구상의 종교는

교주체제하에 있다.

예수든 붓다든 마호메트든

하나의 절대적 교리를 수립하고 신봉한다.

그러나 지구상에 완전한 것은 없다.

지구상 종교의 난점은 불완전한 것의 절대화에 있다.

혹자는 절대적 권위를 맹신하거나 이용하기도 하고 신봉하기도 한다.

그리고 그 절대권위를 놓고 해석이 갈라지고 분파가 생기고 투쟁한다.

혹자는 과거에 대한 무분별한 일루전을 가지기도 한다(초대 교회).

결어는 거짓이든 진실이든 인류사에 개입한 종교들은 연구가치가 있을 것 같다.

설령 타산지석이라 하더라도.

이웅 2023.

75. 죽림칠현

위진남북조 시대는 우리에게 《삼국지》로 유명한 중국의 혼란기이다.

난세라고도 하는데 시대가 흔들리고 새로운 레짐으로 향하는 시기를 의미한다.

이때 많은 이들이 나타나는데 두각을 나타내는 이를 영웅들이라고 한다.

위나라의 조조, 촉나라의 유비, 오나라의 손책이 대표적인 군주이다.

뜻있는 선비들은 군주를 찾아 자신의 재능을 펼친다.

제갈량이 그랬고 방통이 그랬다.

그러나 시대 자체에 환멸을 느끼고, 세속에서 떠나 은거한 7명의 선비가 있었고

이들을 죽림칠현이라고 부른다.

이들은 군주에게 가서 직위를 얻는 세태를 멸시하며, 7명이서 은거

하며 살았다.

상당히 손속이 매혹한 조조는, 죽림칠현에게 관직을 제시한다.

그러나 죽림칠현의 리더는 끝까지 거부하다가 미움을 사서 화를 입는다.

나에 대입해서 생각해 보면 일종의 자존심(Ego) 같다.

나 또한 20대 때에는 세상을 꿈꿔 보기도 하였으나, 혐오감마저 유발하는 한국의 정치를 보며,

등을 돌렸다.

누군가를 찾아가 자신을 appeal하고 인간들 누구 이야기를 하며, 교류하는 세태를 나는 떠났다.

죽림칠현의 고고함과 높은 자존심을 기리며 이웅이 남긴다.

2023 0816.

76. 종교적 어둠으로 뒤덮인 지구

대학생 때 교회를 잠깐 다닌 적이 있다.

그리고 성서를 연구했다.

예수란 인간은 자신을 따르기만 하면 천국을 약속했다.

이 바이러스는 인간에게 퍼져서, 손대기 어려울 지경이다.

믿으면 모든 죄를 용서해 주고 금은보화 가득한 천국으로 데려간다는 예수란 인간의 망언은

그리고 더 참람한, 예수 아니면 지옥이라는 종교사기범죄는 지구에 뿌리 깊게 박혀 있었다.

구약의 야훼 역시 하나의 우상이라는 것을 안 나는, 《법정에 선 성경》이라는 책을 출판했다(2015).

또한 불교는 창조주를 찾지 않는 일종의 마음 수양에 가깝다.

개인적으로 절에 간 적이 있는데 승려는 부처의 철학에는 문외한으

로 보였다.

나는 이렇게 생각한다. 쉬운 길은 그만큼 가치 없다고….

누군가를 신봉하며 사후보험을 든 채로 사는 것은, 스스로에 대한 무책임이다.

나는 하나의 정보를 제시해 주는 조력자로 족하지 않나 싶다.

인간 스스로 내밀한 영역 속에 길이 있다고 믿는다. 자신의 판단과 성찰 속에.

이웅 2023.

77. 정도전과 이성계의 만남

이성계는 당시 고려의 장군이었고

정도전은 혁명의 뜻을 품은 선비였다.

정도전은 용기를 내서 이성계를 찾아간다.

이성계는 정도전의 뜻과 학식에 감탄한다.

그때부터 둘은 혁명을 꿈꾼다.

그리고 요동정벌을 명 받은 이성계는 군사를 돌려 개경으로 향한다.

조선의 시작이었다.

이웅 남김. 2023 만남을 기리며.

78. 연방정부구상론

군사적 긴장이 해소되고 남북의 이원성이 공존하는 가운데, 연방헌법을 구상하고 연방정부를 구상한다.

연방의회, 통일한국 대표선출제도.

남북경협.

종전선언 상호불가침 조약 - 휴전선 해병대 철수. (서해도서 관광지 개발 - 남북경협 호텔건설 - 세계 관광지 개발, 여객선 운영, 아름답게

Art) 곡사포 철수(상호 간단한 경찰인력 배치)

북한경제개발구상론.

(공기업 창설, 특허제도 신설 - 국가표창제도 - 당입당)

북한우리식 물품개발생산계획.

북한의 수출장려책 - 남한시장 개척, 남한 시장에 무관세 통용 허용 - 북한 특유산업 개발론 - 북한에서 특수한 산업을 특화시켜서 세계시장에서 경쟁한다.

남북철도개설 - 목표 전라 경상 서울 평양 함경 평안 X선 계획)

상호 경제행위 허가.

문화교류(남북평화 예술제, 남북한 대통합 축제, 신나는 축제)

(이웅 2022년 정도에 정리해 놓은 나의 구상. 김구를 기억한다.)

79. 사법개혁론(이웅 2023)

(1) 특별상고제(국민배심제)

대법원 3심까지 확정판결 후, 대국민 호소문 제도(일정 인원의 동의를 얻으면 대법원 확정판결을 놓고 대통령 주관 국민배심재판.

국민이 선거하여 국민배심 판관 선출. 국민배심에서 대법원 확정판결에 대해 사실관계, 법리 모두 판단 가능. 파기자판 가능 대법원 환송 가능.

국민배심원 200명 다수결 - 무작위 시민. 배심원단 다수의 평결에 판관은 기속.

(2) 대한법률구조공단 - 공무원화 - 법률구조공단 공무원은 모든 소송 변론 가능(공단에서 공무원의 사적수임 불가)

(3) 국가소송책임제도

무자력자에게 3심까지 국가에서 책임. 현행의 형사소송 외에도 민사소송, 행정소송, 헌법소송 모두 포함(모든 소송행위 포함 노무사, 법무사 등 모든 법률직역 동일 적용) 국가에 '무자력' 신청 시 국선변호사선임의무(3심 모두).

이웅 2023 1024.

80. THG

국민의 대표 대통령의 이름과

국민의 의견으로

대법원 확정판결을 파기한다.

이웅 2023 1024.

(다소 짤막하게 쓴 구절인데, 주석을 달자면, 대법원 확정판결에 국민 일정수의 동의를 거쳐 대통령 주관 배심재판을 구상해 보았다.)

81. 외척정치와 이하응 그리고 전주 이씨에 관한 소고 (2023 이웅)

(갑자기 주제가 역사적으로 흘러서 의아해 할 수 있는데 이 책의 제목처럼 '미완의 정의'가 주제이기에 법률에만 국한된 책은 아니라고 말하고 싶다.)

조선 말기 왕의 인척, 즉 왕의 부인의 가문

안동 김씨 세력이 권력을 잡았다.

이들에게 잘 보이면 승진할 수 있었고

이들에게 밉보이면 좌천이었다.

국가가 기울었다.

안동 김씨는 꼭두각시 왕을 세우고 자신들의 세를 유지하려 했다.

조선 왕족(전주 이씨)들이 제거당했다.

이하응은 전주 이씨로 견제에 시달려야 했다.

이하응은 자기 자신을 보이지 않고, 허술한 흉내를 낸다.

안동 김씨는 이하응을 대수롭지 않게 여겼다.

그리고 이하응은 살아남는다.

그리고 때가 왔다.

강화도령 철종(어린 나이인데 안동 김씨에 의해 세워진 허수아비 왕이다)이 일찍 죽자

역시 나이 어린 고종이 후계자로 선택된다.

고종은 이하응의 아들이다.

고종이 어리자, 이하응은 흥선대원군이라는 이름으로 실무정권을 잡는다.

그리고 세도가문 안동 김씨를 척결한다.

그런데 재미있는 역사의 비사가 있다.

왕의 인척이 권력을 가지자 이하응은 고종의 아내로 가문이 없는 민

비를 지목한다.

그런데 민비가 고종의 아내가 된 후, 흥선대원군과 대립하고 흥선대원군은 실각한다.

민비는 잘 알다시피 일본군에게 살해당한다.

일본 집권 이후 조선왕족(전주 이씨) 역시도 몰락했다.

그러나 이승만은 조선 왕족 출신으로 남한의 정통성을 이었다.

나는 이렇게 본다.

이성계는 뛰어난 무인이었지만 반골의 기질을 가진 인물이었다.

그는 쿠데타로 조선왕조를 세웠다.

나름의 체계를 잡고 조선왕조는 이어 왔지만 정통성 자체에 절대성을 부여할 수 없다.

그러니 혈통과 가문은 일종의 역사로 족하다.

2023 1026 이웅 남김.

82. 조선 선비의 동기에 관하여(2023 이웅)

나는 조선으로 치면 선비라고 볼 수 있다.

김만중의 《구운몽》 이야기를 남기고 싶다.

양소유는 스님이었는데, 팔선녀와 사랑하고, 환속한다.

그리고 승상에 오르고 부마가 된다.

그가 승승장구하던 찰나 선사가 오는데,

그는 허름한 절 방에서 깨어난다.

남가일몽을 그린 김만중의 글이다.

선비들이 왕을 보좌하고, 장원급제를 꿈꾸던 시절이 있었다.

이들의 꿈이었을 것이고 지금 시대도 비슷하다.

이명박도, 고려대 상과대학에서 박정희 장학생으로 현대건설에서 나름 중책을 맡고 승승장구한다.

김옥균 이야기도 해 보고 싶다. 메이지 유신에 감명받은 김옥균은 과격한 방식으로 갑신정변을 추진하고 민비에게 암살당한다.

노무현 역시 나름의 새로운 패러다임을 제시한 材士였다.

혹자는 기존 왕조에 들어가 세도를 꿈꾸고, 혹자는 변혁을 꿈꾼다. 변혁을 꿈꾸는 인간은 선비 중에서도 희귀하다.

이들은 영재 혹은 천재로 분류된다.

83. 노무현 탄핵 사건

노무현 탄핵 사건 전말을 자세히 살핀 바 있다. 노무현의 당연한 발언을 문제 삼아 공선법 운운하며 무고했던 사건이었다.

홍 아무개는 노무현의 사저를 진시황의 '아방궁'에 비유했던 영상을 본 기억이 난다.

홍 아무개는 뇌물 받은 사건이 문제되었는데, 성완종이라는 기업가는 증언을 착실히 했지만 무죄판결이 났다.

아무튼 '다수의 횡포'를 보여 주는 사건이라고 평하고 싶다. 다수가 작당하여, 소수의 인재를 탄핵하고 폄하하는 시도였다고 본다.

한국 사회에서 천재들은 표적이 된다.

앞서 말했지만 플라톤은 민주주의에 회의를 품은 것도 소크라테스의 죽음 앞에서였다.

소크라테스도 괴이한 무고로 사형당한 듯싶다.

노무현 탄핵 사건과 유사하다.

나는 이렇게 말하고 싶다. '절대다수'를 보라고. 우리 눈에 보이지 않는.

또한 다수, 소수와 상관없는 빛나는 신념은 절대성을 가진다고 말하고 싶다.

대통령이 신당을 창당하고, 그 당의 지지를 바라는 것이 잘못된(위법 탄핵사유) 사유인가 묻고 싶다.

84. 기회주의(삼당합당)

민주주의를 추구했던 김영삼이 기억난다. 어릴 때라 자세히 보지는 못했지만, 적어도 그는 민주주의 국민주권을 표방했던 정치인 같다.

그는 소신 있고 당당하게 발언했다.

그러나 군부 쿠데타의 노태우와 합당을 하는 것은 불편한 동거가 아니었을까?

이때 영합한 무리 속에 노무현이 있었다.

그는 헌법과 절차법을 소리쳤지만, 외면당했다.

신념을 버린 자는 오래 가지 못할 듯싶다.

대통령이 우선인가, 민주주의라는 신념이 우선인가 묻고 싶다.

(이웅 2023 1120)

박정희 이야기도 남기고 싶다. 일본천황에 충성을 맹세하고, 해방 후에는 남로당(공산당) 계열이었는데 프락치 역할을 하고 살아남는다.

그 후에 '반공'을 중시했으니 참 속없는 인간이다.

그가 말했던가….

무덤에 침을 뱉으라고….

그래도 그는 나름의 국가기반건설계획은 가지고 있었다. 속어로 몰아주기를 해서 기업을 키우고 현재의 불균형적 경제구조를 만든 장본인이다.

'신이시여 내게 말해 주오. 청산 아래 내가 누울 곳은 어디오.'

- mc sniper 추노 ost 중에서 발췌 -

기회주의가 아니었을까…. '성공'만을 따라가는 세태의 시류다.

나는 가장 중요한 것이 무엇인지 이 글을 읽는 이에게 묻는다.

각자 다를 것이다.

85. 남한의 민주주의(선거권)

아마 역사가 꽤 깊다. 백제와 신라의 대립부터인가 싶기도 하다.

경상도에서는 경상도당(보수?)을 찍고, 전라도에서는 전라도당(진보?)을 찍으니, 어찌 민주주의라 할 수 있는가 싶다.

스스로 거수기가 되어 놓고, 선거권만 달라고 시위했던가?

21c 남한 정치인들은 하늘 높은 줄 모르고 날뛰고 있다.

마지막으로 전통과 예의를 잊었으면서 어찌 보수라 하는가,

새로운 패러다임을 제시하지 않고 어찌 진보라 하는가 묻고 싶다.

우파, 좌파가 더 정확한 표현이다.

86. 정의당의 한계에 관하여

아마 마르크스주의를 표방한 정당이라고 알고 있다. 그런데 북을 맹목적으로 따르는 계열과 한국헌법중시 정당으로 분화된 듯싶다.

박근혜의 치졸한 복수로 헌법상 정당이 해산되었다(통진당).

뭐 토론회라고 볼 수 있을 정도로 처참한 수준의 말공세가 박근혜가 당선된 대선토론회이긴 했다.

아무튼 잣대 없는 재판관들은 박근혜가 지시제소하자, 헌법상 정당을 강제해산시켰다.

일단 독자들에게 묻고 싶다.

통진당이 존재하는 게 국가에 위해가 되는가? 주권이 침해당할 정도로…?

삼척동자도 알 만한 판단잣대가 아닌가 묻고 싶다.

통진당 내 간첩이 있으면, 국가보안법 형법으로 개별규율하면 되는 것이다.

아무튼 본론으로 돌아오면,

마르크스주의를 표방한,

친노동자 정당만으로는 한계점을 분명 가진다.

정당이란 국가를 통치경영운영통합하는 이념을 제시하고, 전 국민을 포섭할 수 있는 이데올로기를 가져야 한다고 밝히고 싶다.

친노동자들의 노고문제와 계급투쟁은 士의 영역이지, 王의 영역은 아니라고 말한다.

그렇지만 정의당은 필요한 정당이다. 적어도 노동자들을 대변하는 정당은 민주제에 꼭 필요하다고 역시 말하고 싶다.

그리고 여담으로 김성주는(김일성은) 공산주의자라기보다는 북에서 태어난 일종의 군인 같다. 그가 마르크스를 얼마나 이해했는지는 미지수이나, 군인에 가까운 인물이고, 형편없는 경제실패는 그의 능력을 우리에게 보여 준다.

또한 마르크스가 말한 것이 착취의 반대, 해방이었는데 북인민을 구속에 몰아넣었으니 마르크스의 사상을 전혀 이해하지 못한 사이비(事理非)라고 분명히 밝힌다.

마지막으로 마르크스는 그 나름의 사상가 중 하나라고 나는 평한다. 그는 경제구조를 잘 보았고, 부조리와 불평등을 날카롭게 지적했다.

그렇지만 그의 한계 역시 나는 보았다.

그는 선천질서를 흩트려 놓았고, 투쟁선동적 문체를 쓴 일종의 몽상가였다.

87. 조광윤의 문치주의와 헌법

당의 절도사 난립으로 절도사 출신의 조광윤이 송을 건국했다. 그는 절도사 난립을 보아서인지 문치를 표방했다.

일단 무인(장군)들이 권력에 개입하면 힘으로 해결하려는 단순 무식한 태도는 분명 편견은 아니다.

간혹 시저와 같은 걸출한 장군이 정권을 잡기도 하지만, 전두환 같은 경우가 비일비재하다.

문인들이 상대적으로 치국에 능해 보이기는 하나 남한 현실을 보면 문인이라는 인간은 거의 드물다. 굳이 뽑자면 고 노무현 정도로 보인다.

아무튼 문은 문의 역할이 있고 무는 무의 역할이 있는 것이다.

일종의 선천질서라고 보면 된다.

조선의 양반도 문무반으로 나뉘었다는 데서 전래된다.

아무튼 나는 이렇게 말하고 싶다. 한쪽을 경시하면 그 대가는 클 것이라고.

양쪽의 조화정치가 필요하다.

뭐 역사적 교훈으로 송나라는 이민족에게 시달리다가 세폐를 바치면서, 멸망당했다.

88. 노무현의 허점

노무현은 그 나름의 개혁에 충실했지만, 정치적 후계자가 없었다. 그것이 그의 난제였으리라.

주변인이 밥통같이 느껴질 때가 분명히 있다. 일종의 군주심리인데, 그렇기에 군주를 보필하는 재상들은 정말 중요하다.

세종은 재상들을 중시했다. 세종의 어린 아들 단종이 왕위에 올랐지만 세조에게 찬탈당하고 살해당한다.

문인이었던 재상들은 죽음으로 항거했다.

노무현 역시 불미스러운 일이 있었다. 그가 P에게 푼돈을 받은 것은 확실해 보인다. 그러나 직무관련성을 인정하기 어렵고, 돈은 자녀 유학비용 등으로 사용된 듯하다.

나는 이 저서에 그를 위한 헌사를 남겨 놓는다. (하늘에게 그리고 사람에게)

89. 기도문

옴

고 대한민국 노무현 대통령을 위하여 하늘에게 그리고 노통에게 이 조문을 올립니다.

제20조(정당행위) 법령에 의한 행위 또는 업무로 인한 행위 기타 사회상규에 위배되지 아니하는 행위는 벌하지 아니한다.

2023 1122 대한민국 국민 이웅.

90. 소추무고죄

검찰의 공소사실이 범죄를 구성함에 있어서 범죄주요사실이, 사실과 다른 경우, 그리고 전조의 불실기재로 죄책 판단에 영향을 주는 경우, 담당소추검사는 소추무고죄의 죄책을 부담한다.

위 범죄는 100만 원 이상의 벌금, 2년 이하의 징역 1년 이상의 자격정지에 처한다. (주석: 이 범죄는 과실이나 업무상 태만을 이유로 하는 범죄이다. 검찰의 착오로 무고한 피해자가 피고인이 되어서, 구속당하고 억울한 옥살이나, 최악의 결과(우리나라는 사형이 집행되진 않지만) 사형까지 예견할 수 있다.)

단 범죄주요사실의 부수적 부분의 착오는 위법성이 조각된다. 업무상 주의의무를 다했음에도 착오가 발생한 경우는 죄가 없다.

(주석: 검찰도 신이 아니기에 착오가 발생할 수밖에 없다. 완벽한 사실기재는 사실 불가능하다. 그렇기에 위 죄책은 '범죄주요사실'의 불실기재에 국한된다. 하지만 공소장 작성 시, 태만으로 허위로 기재하는 경우도 있다. 이런 경우 형사법은 공소장작성자에게 죄책을 부담시켜야 한다. 2년 이하의 징역은 과한 것이 아니라 경하다. 공직에 있는 누군가의 업무태만으로 피고인이 고통받고 억울해하며, 또한 오판이 발생할 수 있으며 사법질서에 불신을 가지는 죄책은 무척 중하다.)

검찰은 공소장 작성 시, 고의로 사실이 아닌 부분을 허위로 기재 시 2년 이상 7년 이하의 징역에 처한다(허위공소장작성죄).

(주석: 이 죄는 허위공문서작성죄의 특별 조항이다. 공소장도 공문서이니만큼 허위기재 시 죄책을 부담한다. 그런데 검찰의 공소장은 면죄부일 수 없다.)

모해목적 고소죄 - 위 조항의 고소에 있어서 수사기관 종사자를 모해할 목적으로 허위로 고소한 자는 2년 이하의 징역에 처한다.

(이 범죄가 실정화될 경우 다수의 고소전이 예상된다. 그러나 무고죄가 있고, 공수처의 수사기각이 있는 만큼 역할을 다하기를 기대한다. 검사들이 업무를 성실히 수행하는데 고소당하는 일은 없어야 할 것이다.

또한 범법을 저지르고 담당검사를 모해하고 탄핵할 목적으로 고소한 경우 무조건 기각을 해야 할 것이다.

이 법조문은 악의적 소추를 처단하기 위한 조문이다. 검찰직에 있다고 결코 면책될 수 없으며, 위의 범죄는 중대범죄이다.)

91. 수사기록불실기재죄

수사기록 주요사실이 주요범죄사실과 다른 경우 그리고 전조의 불실기재로 죄책 판단에 영향을 주는 경우 수사에 참여한 당사자는 100만 원 이상의 벌금, 1년 이상 5년 이하의 자격정지, 2년 이하의 징역에 처한다.

다만 업무상 주의를 다했음에도 착오가 발생한 경우는 죄가 없다.

고의로 수사기록을 허위로 기재 시 2년 이상 7년 이하의 징역에 처한다. (주석: 경찰이 수사를 함에 있어서, 역시 위의 죄와 동일한 피해가 발생한다.)

(주석: 경찰의 수사기록에서도 위와 동일한 사건이 발생할 수 있다. 고의범의 경우에는 명확한 범죄이나, 과실 혹은 태만으로 허위기재를 한 경우에는 그 피해가 막중하다. 수사절차에서 정상의 주의를 다했음에도 주요범죄사실이 사실과 다른 경우는 죄가 당연히 없다. 이 범죄는 일종의 과실범이라고 할 수 있다. 음주운전의 경우를 생각해 보자. 국민이 음주운전을 하면 6년 이하의 징역을 받는다. 누군가를 상해하지 않았는데도. 그런데 경찰이 과실과 태만으로 누군가가 한평생을 억울해해야 한다면, 과한 처벌이라고 볼 수 있을까? 당연한 형법 조항이다.)

79조의2 부당수사죄

1조 형사관 종사자가 모함 등 악의적 목적으로 무고한 사람을 수사한 경우 2년 이하의 징역에 처한다.

2조 형사기관 종사자가 수사상 명백히 죄가 없는 사실을 수사하여 사람을 강제소환 체포 구속한 경우 2년 이하의 징역 1년 이상 5년 이하의 자격정지에 처한다.

2조 단서 단 내사단계에서 종결 시 죄가 없다.

(1조의 경우 내사단계에서도 '악의적 표적수사'를 한 경우 죄책을 부담한다.)

형사관 종사자가 수사상 명백히 죄가 안 되는 사실을 공표한 경우 100만원 이상의 벌금 1년 이상 5년 이하의 자격정지에 처한다.

위 행위가 상부의 지시로 이루어진 경우 죄가 없다.

형사관(刑事機關)의 목적상 내사는 적절히 수행되어야 한다(형사소송법 조문).

(누군가의 고소에 의한 수사권 발동이나 수사관의 무리한 수사로,

무고한 사람을 소환하고 위하하는 행태를 막기 위한 조문이다. 또한 수사기관이 무리하게 국민을 소환하는 경우가 있는데 이런 경우를 막고 무리한 수사에 대한 제재를 가하기 위한 규정이다. 수사관은 수사를 해야 하기에 수사 결과 무죄사안일 수 있다. 당연히 이 경우는 죄가 없다. 그렇기에 내사단계에서는 수사관의 재량은 당연 존중되고 발휘되어야 한다.

또한 수사관이 특정 인간을 모함하여 악의적 표적수사를 하는 것을 제재하기 위한 법조문이다. 상부의 지시로 수행하는 경우는 면책되어야 한다고 본다. 당해 범죄를 주도하고 지시한 행위자들이 죄책을 부담해야 한다.)

79조의3 부당판결죄

판결을 담당하는 자가 사실이 아닌 이유로 무고한 사람을 유죄로 판결한 경우 2년 이하의 징역 1년 이상 5년 이하의 자격정지에 처한다.

고소고발권의 제한(당해 사건의 해당자만이 고소권을 행사할 수 있다.)

판결을 담당하는 자가 공소사실이 진실이고 범죄가 성립함에도 무죄판결을 내린 경우, 2년 이하의 징역 1년 이상 5년 이하의 자격정지에 처한다. 단 집행유예, 선고유예 등의 법관의 재량판단권은 보장된다(a-2).

고발권의 보장(a-2)의 범죄에 국민은 고발할 수 있다.

(주석: 이 범죄는 고의범이다. 판결의 직에 종사하는 자가 형사사법 질서를 자의적으로 왜곡할 때 성립되는 범죄이다. 고의에 미필적고의가 있으나 이 범죄의 경우 미필적고의란 개념을 인정할 수 없다. 사법관 종사자들이 자신들이 휘둘렀던 칼날을 자신이 당한다면 감당되겠는가 묻고 싶다.

그리고 무조건적으로 피고인 유리의 원칙을 주장하는 법학자들이 있으나, 공정하지 않다. 유죄사안을 무죄로 판결하여 피해자의 한을 풀지 못하면 역시 사법관 종사자들은 죄책을 부담해야 한다.)

전조(과실범) 업무상 주의의무를 해태하여 전조의 결과가 발생한 경우 1년 이상 3년 이하의 자격정지에 처한다.

(주석: 법원 내 징계사안으로 분류할 수도 있으나, 국민의 경우 음주운전은 기소하고 판사의 경우 법원 내 징계에 맡길 수 없다. 국가형법으로 규율함이 옳다고 생각한다.)

면책 정상의 업무상 주의를 다했음에도, 위 결과사실이 발생한 경우는 죄가 없다.

(주석: 일반적 과실범 요건과 같다. 주의의무를 다했음에도 유죄사

안을 무죄로 판결하거나 역이 성립하는 경우 죄가 없다.)

모해목적고소고발죄 판결의 직무를 수행하는 자를 모해할 목적으로 허위 사실을 고소 고발한 경우 2년 이하의 징역에 처한다.

92. 전쟁과 국제기구

앞서 국제헌법을 언급했지만 지금 국가 간의 관계는 법 없는 아노미 상태다. 물론 나름의 rule이 있지만 체계화된 법적 질서가 없다.

UN총회에 국제입법권을 부여하고 각국의 의사를 수렴한 '강행법규' 창설이 요구된다.

국제헌법, 국제법률안을 통해 각국의 주권은 존중하면서 인류의 법적 질서 수립과 해결이 요구되고 있다.

강대국 중심의 안보리 체제를 강력히 규탄하고, 안보리국가 러시아는 우크라이나를 무단 침입하는 '전쟁범죄'를 했다고 밝힌다.

위의 조문은 내가 창설한 것이고, 현행 법조문을 소개하고 싶다. 과거 수사관에 의한 고문치사도 비일비재하게 발생했다.

제125조(폭행, 가혹행위) 재판, 검찰, 경찰 그 밖에 인신구속에 관한 직무를 수행하는 자 또는 이를 보조하는 자가 그 직무를 수행하면서 형사피의자나 그 밖의 사람에 대하여 폭행 또는 가혹행위를 한 경우에는 5년 이하의 징역과 10년 이하의 자격정지에 처한다.

현재 공수처가 설립되었다. 관계 피해자들이 수사관에게 가혹행위를 당한 경우, 고소·고발제도가 적극적으로 요구된다.

계구사용에 관하여.

원칙: 용의자 피의자 피고인이 물리적 위해를 가하지 않는 한 위험이 없는 한, 체포 수사과정, 재판과정에서 허용될 수 없다.

부당계구사용죄

경찰, 검찰, 교정시설 등 형사사법기관 종사자들이 부당하게 계구를 사용한 경우 100만 원 이상의 벌금 2년 이하의 징역에 처한다.

(부당하게의 해석: 자의적 처벌권을 수사과정에서 행사하는 경우를 지칭한다. 수용시설이나 체포과정에서 문제된다. 예컨대 수용시설에서 항의를 했다고 수갑을 채우는 행위를 말한다. 하지만 돌발상황도 있는 만큼 수갑(계구)사용 자체를 불허할 수는 없다. 혹여나 용의자가 수용시설에서 다른 용의자를 해할 위험이 높거나, 관련 종사자들에게

해악을 끼칠 위험이 높은 경우는 허용된다. 부당하게의 해석은 법관의 영역이다.)

경찰은 체포과정에서 용의자가 자발적 수사협조의지를 밝힌 경우 원칙적으로 계구를 사용할 수 없다. 단 도주 위해의 위험성이 있는 경우 경찰의 신중한 판단하에 사용할 수 있다(형사소송법 독립조문).

모욕신문죄

수사과정에서 모욕적인 언사를 사용한 경우 100만 원 이상의 벌금 1년 이하의 징역에 처한다.

(주석: 예컨대, 반말을 하거나, 욕설을 하거나, 악의적으로 모멸감을 주거나 하는 경우를 의미한다. 모든 수사는 존댓말로 이루어져야 한다.)

(경찰검찰사무지침: 경찰 검찰은 수사를 함에 있어서 모두 존댓말을 써야 한다. 위반 시 징계책임)

93. 국제헌법가안

국제헌법을 구상했다. 이제 인류는 다양한 문화적 배경을 상호존중

하면서, 제국주의나 침입주의에는 엄단을 촉구하는 '법치'의 세상을 필요로 한다.

이하에는 비밀문서로 짧은 문구를 하나 남기는데 해독할 이 있으면 해독하길.

(ss drdd wwf gdge. red dwr wrd wdge. wrqdrd ctd trge. dfr sdr eddE scd sd ddR, gsdtd drd gegs dd dgd wzwtt dd wrdt)

세계정부.

(UN총회 - 국제헌법 제정론)

UN총회의 결의안은 국제적 강제력을 가진다.

세계연합군 - 국제헌법수호군

국제헌법

1) UN총회의 의결은 국제적 효력을 가진다.

2) 국제형법

전쟁범죄 창설(한 국가가 타국을 무력으로 침해 시 전쟁범죄가 성립한다. 전쟁에 주도적 의사결정을 내린 수괴들은 형벌에 처한다.)

6.25 전쟁과 유사하게 각국에서 의무적으로 세계분쟁에 개입한다(총회국의 의무).

안보리 폐쇄.

UN총회는 UN의 중심이 된다. 그리고 실질적 입법권을 행사하며, 집행력은 각국의 힘의 총합으로 보완되며 지지된다.

94. 종교와 법

때로 지나친 신앙인들은 자신의 신앙을 타인에게 들이민다. 타인이 싫다고 거부하는 경우에도 지나친 신앙인들은 자신들의 신앙의 기준으로 타인에게 강요한다.

종교는 결코 강요될 수 없으며, 세간에서도 자신의 신앙을 무분별하게 전파하는 행위에 대한 법적 규제가 필요하다.

종교율법은 지키고 싶은 이는 지키고, 거부하는 이는 거부하면 된다.

각 종교의 율법이 형법적 질서에 어긋나지 않는 한 용인된다.

그러나 종교라는 명목으로 인간이 가진 보편적 선악관을 흔들려는 시도가 분명히 지구에 다수 존재했다.

우리는 가치판단에 앞서서, 종교보다는 선재하는 양심을 따라야 한다.

또한 국가는 공공적 산물의 집단이기에 국교는 금지하는 것이 좋다. 정치적 리더가 자신의 신앙을 가지는 것은 당연히 허용된다. 또한 정치적 지도자가 종교적 신념을 바탕으로 하는 정치철학 또한 당연지사이다.

적어도 민주제하에서는 국민들이 스스로 뽑은 리더를 승인할 의무가 있다고 본다.

종교와 정치를 엄격히 분리하려는 시도가 유럽에서의 전쟁 후 시도되었다.

그러나 종교 자체가 지구 차원을 벗어나서 더 넓은 범위를 가진다면, 자신이 가지는 종교적 신념을 즉 이상적 세계관과 현실적 세계관을 통합하려는 시도 자체는 좋다고 본다.

우리가 지구에서 너무 부정적 측면만을 경험했기에 다소 회의적일 수 있다.

다소 포괄적으로 부당종교행위법을 만들어 보았다. (하늘에게 그리고 정의에게 이 짧은 법률안을 바친다.)

부당종교행위법

1조 이 법률은 종교의 자유를 존중하고 보장하되, 종교를 이유로 한 범죄를 막기 위해서 제정되었다.

2조 기망행위 – 종교를 이유로 사람을 기망한 경우 죄책을 부담한다.

3조 폭행 가혹행위 – 종교를 이유로 타인에게 폭행이나 가혹행위를 한 경우 죄책을 부담한다.

4조 집단범죄 – 종교를 이유로 타인의 권리를 집단적으로 침해한 자들은 죄책을 부담한다.

5조 신앙침해죄 – 타인의 신앙을 폭력 위하 기망 등 기타적 수단으로 침범한 자는 죄책을 부담한다.

6조 재산에 관한 죄 – 종교를 이용하여 타인의 재산을 침해한 경우 죄책을 부담한다.

7조 전쟁범죄 - 종교를 이용하여 정복 타 집단에 신앙전파, 기타 부당한 목적으로 전쟁을 일으킨 경우 죄책을 부담한다.

8조 집단학살죄 - 신앙이 다르다고 다른 집단을 학살한 경우 죄책을 부담한다.

9조 종교를 이용하여 성적 범죄를 행한 경우 죄책을 부담한다.

10조 세뇌죄 - 종교적 교리 등을 판단능력이 미숙한 이에게 부당한 목적으로 전파하는 경우 죄책을 부담한다.

I tried to make the Unfair Religious Practices Act more comprehensive. (I dedicate this short bill to Heaven and to Justice.) Unfair Religious Practices Act.

Article 1. This law is designed to respect and guarantee freedom of religion, but to prevent crimes committed on the grounds of religion.

Article 2 Deception - Anyone who deceives a person on the

grounds of religion shall be held guilty.

Article 3 Assault and Cruelty—Whoever assaults or cruelly commits an act of violence or cruelty to another person on the grounds of religion shall be held guilty.

Article 4 Collective Crime - Those who collectively violate the rights of others on the grounds of religion are held guilty.

Article 5 Crime of Violation of Faith - A person who violates the faith of another person by violence, deception, or other means shall be held guilty.

Article 6 Crimes against property—Those who use religion to encroach on the property of others shall be held liable.

Article 7 War Crimes - Those who use religion to conquer, propagate faith to other groups, or wage war for other unjust purposes shall be held guilty.

Article 8 Crime of genocide - Persons who slaughter other groups because of their different beliefs are held liable for their crimes.

Article 9 Those who commit sexual crimes using religion are held accountable.

Article 10 Brainwashing - Whoever disseminates religious doctrines to those who are incapable of judgment for improper purposes shall be held guilty.

(To The GOD and For the Justice Lee woong 2023 1122 at earth)

95. 칼뱅

(이 part는 저의 다른 저서에 있는 소고입니다. 그러나 법학적으로 논할 것이 있어서 이곳에도 남깁니다.)

제네바의 칼뱅은 젊은 신학자였다.

그는 다량의 책을 집필했다.

유럽이 종교개혁에 휘말렸을 때

칼뱅은 스위스에서 종교(기독교)의 정신을 현실에 구현화할 기회를 얻게 된다.

금욕, 금주령, 등등

지나친 금욕을 칼뱅은 인민들에게 '강요'했다.

사람들은 각자의 역량이 있고 종교는 결코 강요될 수 없다고 나는 생각한다.

그러나 한편으로 그의 열심을 이해한다. 그의 신에 대한 충정 역시도….

또한 칼뱅은 다른 신학적 의견을 박해하고 화형시키기도 한 선례가 있다.

'다른 의견을 가진 권리'는 천부인권 즉 하늘이 부여한 권리라고 나는 생각한다.

하지만 나는 그는 '진짜'였다고 생각한다.

세인들이 입만으로 신을 찾을 때 그는 평생을 신에게 헌신했다.

그의 생기 없고 쇠약한 육체에 대한 증언은 그가 진실로 하느님을 따랐음을 우리에게 알려 준다.

그를 위하여 시를 지었다(2023 1122).

옴

젊은 학자는 평생을 신만 생각했네.

강직한 정신은 하늘만을 쫒았더라.

육신이 쇠해도 그가 믿었던 신념을 버리지 않았더라.

부드러운 살결보다 신의 그림자 더 따랐더라.

웅 올림 ae 2023 1122 칼뱅을 기리며….

TO OM.

The young scholar has thought of God all his life.

And the upright mind pursued God alone.

And even though his flesh was failing, he did not renounce the faith in which he believed.

They followed the shadow of God more than the tender flesh and the delicious food.

Woong AE 2023 1122.

96. 종교의 자유에 관하여

자신의 가치관을 타인에게 강제적으로 주입시키거나 선도하는 것은 위법이다. 분명히 말하고 싶다. 그 동기가 어떤 연유든, 정의에 위배된 정신이다.

쉽게 생각해 보자. 한 A란 자들이 한국인을 몰살시키는 게 신의 뜻이라 믿었다 가정하자. A 집단이 한국인을 몰살시킨다면 그들은 정당성을 부여받을 수 있을까?

다소 과격한 예시를 들었지만(실제 구약성서에 기록된 일이기도 하다)

우리는 신에 앞서서 보편적 정의가 선재함을 인식해야 한다. 신이라는 명목하에 이루어지는 보편적 법질서에 반하는 행동은 정의의 관점에서 분명한 부당행위라고 말하고 싶다.

또한 국가 혹은 집단에서 종교적 율례를 강요하는 것은 좋지 않다. (타인의 자기결정권을 침해하고 있다.)

마지막으로 《다른 의견을 가질 권리(스테판 츠바이크)》라는 책을 읽었다.

어렴풋이 기억나지만 그는 다른 견해를 가졌던 것 같다. 그리고 박해당했다. 제목은 정말로 나에게 위대한 영감을 준다. 또한 헌법정신을 따르는 위대한 자유의 정신이었다(이웅 2023 1122).

지금 시대에도 비단 종교뿐 아니라 견해가 다르면 대립하고 투쟁하는데 어떻게 보면 자연질서적인 아노미이기도 하다.

그렇지만 법적 이상의 관점에서 타인의 권리 자체를 박해하는 것은 일종의 침해에 속한다고 말하고 싶다.

다른 의견을 가진 권리를 정신권이라고 규정하고 싶다.

97. 정신보건법 개혁안

*d wd ddgd ddg sdgw drtse. d etd wdf sf wtrf qfrtse. twQ dsf tgde ddws cwwd wdf reg qa d wad gsd qcse.

사람의 생각 등을 타인이 판단하여 생각의 자유를 침해하고 강제적 수용제도가 있어 왔다.

약물 등을 강제로 투입하고 가혹행위, 감금, 포박 등은 범죄이다.

또한 열악한 수용시설은 인권을 침해하고 있다.

현행 한국의 정신보건법개혁안을 남긴다.

옴

국가의 의무.

국가는 정신과 병동(입원병동)의 실태를 주기적으로 검토하고 조사할 의무를 부담한다.

국가는 환우가 요양한다고 적합하지 않은 판정을 내린 경우 당해 병동의 허가를 취소하고 폐쇄명령을 내릴 수 있다.

국가는 정신과 병동에서 환우가 퇴소의사를 밝힌 경우 이를 형사관에 고발할 의무를 부담하고, 관계공무원은 경찰과 협조하에 당해 환우를 무조건적 퇴원시킬 의무를 부담한다.

옴

1) 정신적 문제로 고통받는 환우는 모두 스스로의 치료결정권을 향유한다.

2) 어떤 경우도 정신적 문제 치료가 강제될 수 없다.

3) 위 1, 2조 위반 시 3년 이상의 징역에 처한다.

4) 공동정범 위 범죄에 다수가 가담한 경우 5년 이상의 징역에 처한다.

5) 폭행, 가혹행위(결과적 가중범) 정신과 환우에게 폭행 등

정신요양시설은 개인의 공간과 사생활의 자유가 보장되어야 한다.

정신요양시설은 입퇴원의 자유와 출입의 자유가 일방병동과 동일하

게 보장되어야 한다.

약물: 환우가 약물을 거부할 의사를 밝혔음에도 강제투여 한 경우 3년 이상의 징역에 처한다.

공동정범: 위 범죄에 다수가 가중 시 5년 이상의 징역에 처한다.

폭행 가혹행위죄: 위 범죄에 폭행 가혹행위가 있는 경우 5년 이상 징역에 처하고, 형법전상 범죄가 경합된다.

관계공무원의 의무: 보건복지부 소속 공무원은 매일, 정신과 병동에서 조사할 의무를 부담한다.

환우가 이 법조의 범죄행위를 고소한 경우, 퇴원의사를 밝힌 경우 관계공무원은 무조건적으로 퇴원시키고 고소할 의무를 부담한다. 관계공무원은 경찰 등의 협조를 구할 권리를 가지고 경찰은 관계공무원의 협조요구 시 관계공무원의 지시에 따라야 한다.

정신과 관련 종사자가 환우의 비밀을 누설한 경우 2년 이상의 징역에 처한다.

용량제한: 정신과 의사는 약물투여에 있어서 약물의 중독성 효과 등을 면밀히 검토할 의무를 부담한다.

정신과 의사는 비약물적 치유수단을 강구할 의무를 진다.

벌칙: 환우의 일상적 정신상태를 흐트러트리는 용량 투과 시 2년 이상의 징역에 처한다. (약물투여 기준은 보건복지부령으로 정한다.)

정신과 종사자의 권리: 환우가 치료나 입원에 적합하지 않다고 판단할 경우 치료를 거부할 권리를 가진다.

입원치료 시 환우가 치료에 적합하지 않다고 판정할 경우 퇴원명령을 내릴 수 있다.

정신과 환우의 권리: 누구든 자신의 생각이나 신념을 이유로 정신과 환우로 낙인받지 아니한다.

누구든 환우의 생각이나 신념을 부당하게 개입하거나 간섭할 수 없다(a-1).

환우는 자신의 생각을 표현하거나 표현하지 아니할 자유를 부담한다.

단 정신과 의료종사자들의 범위 안에서 조언과 치유회복은 허용된다.

(a-1) 위반.

위협, 폭행, 협박 등으로 a-1조 권리를 침해한 경우 2년 이상의 징역에 처한다. 형법상 범죄는 경합된다.

다중가중: 다중가중 시 4년 이상의 징역에 처한다.

가혹행위: 가혹행위를 한 경우 5년 이상의 징역에 처한다.

단 정신과 의료종사자들의 범위 안에서 조언과 치유회복은 허용된다.

d 사람들은 형법과 정신과 '치료'를 오해하고 있습니다. 병원과 형사관은 다릅니다.

(d ws twqd ter tw dtse. ded dgd rter r Rd rad gdgr ttse. degt cwwR read srse. 2023 1122 dd)

98. For SL(d tff dgd)

인터넷이 발달하고 각인이 자유롭게 표현을 하게 되면서 무분별한 표현들이 인터넷에서 문제되고 있다.

읽는 이를 불쾌하게 하고 정신적 아픔을 주는 범죄행위고 엄단이 필요하다.

1조 각인은 인터넷 표현에서 타인을 존중하고 배려할 의무를 부담한다.

2조 모욕 혐오표현죄

인터넷 표현에서 상대방을 모욕, 욕설, 협박, 혐오, 조롱과 위해적 표현을 한 경우 2년 이하의 징역에 처한다.

영상, 사진, 기타 표현할 수 있는 수단에 의한 표시행위도 이와 같다.

(위해적 표현에 있어서 법원의 해석이 요구된다. 타인의 인격침해에 대한 인터넷 표현이 난무하고 있고 이는 피해당사자에게 심대한 악영향을 끼치고 사회 전체를 오염시키고 있다.

또한 실정법상 공연성은 현대 사회를 cover할 수 없는 구식의 조문이다.

이 법조문은 공연성이 없다. 피해 당사자의 인격 자체를 보호하는 조문이다.

반드시 법적 규제를 통해 사회 내에 난무하는 악언(惡言)들을 규제하고, 사회 전체에 법질서와 타인존중 정신을 배양할 필요를 느낀다.

마지막으로 "법정은 인간의 내면에 들어갈 수 없다."라는 법언을 일단 제시하고 싶다. 표현이 게시되지 않은 경우는 속에서 누구를 욕하든 실정법상 처벌하기 어렵고, 바람직하지도 않다.)

3조 표현공고의무. 법원은 유죄확정판결을 받은 경우 유죄인의 표현을 실명 사진과 함께 게시할 의무를 부담한다.

자세한 규칙은 법무부령에 위임한다.

(인터넷에서 익명성을 바탕으로 범죄를 저지르는 행위에 있어서 행위자는 자기책임의 원리상 자신이 한 표현은 다중에게 공개된다.)

4조 집단가중. 여럿이서 공모 없이도 2조의 죄를 범한 경우 3년 이상 15년 이하의 징역에 처한다.

(주석: 인터넷에서 공모 없이 다중이 특정인을 공격하는 세태가 흔하다. 집단이 이런 행위를 하는 경우 피해가 극심하다. 선처 없이 가담한 행위자 모두를 엄벌해야 한다.)

5조 반의사불벌죄. 피해자가 불처벌의 의사를 표시한 경우 처벌은 면제된다. 단 법원의 판단하에 표현의 해악이 중대한 경우 처벌할 수 있다.

(2조의 상대방이 상대방의 행위를 용인하는 경우도 있기에, 반의사

불벌죄로 하였다.)

6조 사이버불링. 인터넷, 기타 통신수단을 통해서 사람을 괴롭힌 경우 2년 이상 15년 이하의 징역에 처한다.

7조 지속 가중. 6조의 행위는 한 번의 행위로 죄가 성립한다. 한 번 이상 가중된 경우 5년 이상의 징역에 처한다.

8조 집단 가중 집단이 6조의 죄를 범한 경우 5년 이상의 징역에 처한다.

9조 결과적 가중범. 2조, 4조, 6조, 7조, 8조의 죄로 피해자가 자살하거나 자해, 질병, 기타 위해를 받은 경우 5년 이상 무기에 처한다.

(d Rwg vgd dwe wf Efesse. wdd qfs wdse. ded rdd qrgr dxsdt qwgs gsd wsf qdtt. rz dtgw att dd df.)

(d Eg wtw wqd tegse. vgd rt Efesr wtg az rftse Eg tre vxer gefse qet wtgw atr gsd dwgd qdwtt. Eg tfgs tfed adgs ws ede cqgtt awadf gsded rw dfgtse.)

(wfd qts drwa qd aedd dQe dve.)

99. 마하트마 간디

대학 초년 시절 간디의 자서전을 읽었다. 지금 다 기억할 수 없지만 주요 이야기를 알고 있다.

영국의 식민지였던 인도에서 태어난 간디는 영국으로 유학을 간다.

그는 이전부터 정직하게 말했다고 한다.

영국 기차에서 인도인이라는 이유로 객실에서 내쫓길 뻔한 일이 있었다. (그가 실제로 쫓겨났는지는 기억이 가물가물하다. 백인 남성은 괜찮다고 얘기했다고 한다.)

당시 백인들의 타민족에 대한 차별이 심한 시기였다.

영국 유학 중 그의 동료는 채식만 하는 간디에게 육식을 권했지만 간디는 어머니와의 약속을 중시하여 육식을 하지 않았다.

그는 변호사였다.

간디는 인도에 돌아온 후 인도의 독립운동을 이끄는 리더가 되었다.

그가 표방한 정신은 유명하다.

'비폭력 불복종.'

그는 안타깝게도 암살당한다.

그는 하느님의 성호를 부르며 떠났다.

그에 대한 평론은 내 영역이 아닌 듯하다.

시를 하나 만들어 남긴다.

옴

마하트마 간디를 기리며

정직한 정신은 거짓을 몰랐더라.

무거워라 어머니와 했던 약속.

곤욕을 당했지만 자유의 정신은 피어났다.

숭고한 영혼은 양심 안에 있었더라.

총칼이 다가오나 영혼은 당당했다.

위대한 정신은 누구도 침범 못 한 숭고한 영혼의 의지였다.

위대한 하늘의 손이 그를 데려가셨도다.

이웅 올림. 2023 1122.

100. 북한의 형법체계에 관하여

북한의 형식적 법과 실무재판이 일치하는 국가는 아니다. 그렇기에 북한 조문을 분석하며 북한 재판실태를 분석하는 것은 겉만 보는 것일 것이다.

또한 자극적인 사건들만을 놓고 북한 전체를 판단하기에도 희소하다.

그러나 우리는 인류 역사상 형사소송법의 선구자들이 만들어 놓은 선례 그리고 자유와 권리라는 위대한 정신을 되새겨야 한다.

헌법상 적법절차 조항, 신체의 자유, 3심제의 보장은 오래된 인류의 역사 속에서 부당함을 보며 변증법적으로 발전한 합리적인 체계이다.

북한에서도 국가의 자의적인 처벌이나 신체의 자유에 대한 침해는 방지되어야 할 불의 중 하나라고 확신한다.

또한 북한의 정치형법에 대해서도 말하고 싶다. 물론 권력자의 입장에서는 아주 진귀한 보검이겠지만, 피지배층의 입장에서는 압제의 사슬이다.

우리는 '자유'의 소중함을 말하고 싶다.

정치적 영역에서도 자유는 중요하다. 그러나 남한에서 나이 어린 사람들도 나이 많은 정치 지도자를 모욕하고 욕설하는 패륜적 세태를 바라본다.

솔로몬이 썼다던 잠언이 기억난다. 계시가 없으면 백성은 방자해진다고….

나는 조금 더 숙고하고 싶다. 이 문제에 대해서….

(2023 1123 이웅)

101. 전쟁과 법

법적 질서가 실용화되지 못했을 때, 전쟁이 발생할 때가 있다.

이때 가장 중요한 것은 정당성이라고 생각한다.

즉 전쟁의 대의명분이 가장 중요하다는 뜻이다.

그러나 실전에서 항상 대의명분 있는 쪽이 승리하지만은 않는다.

그러나 전쟁의 정당성은 중요해서 강조해도 부족함이 없다.

102. 신분법에 관하여

과거에는 신분에 따라 법을 차등적용 했다. 그러나 헌법이 생긴 후에 법 앞의 평등이 나타났다(헌법 제11조).

그러나 나는 현실적으로 불평등하게 적용되는 법의 잣대를 바라본다.

헌법 제11조는 법은 부당한 차별을 하지 않는다는 것이다.

이 평등에 있어서 기계적, 수리적 평등론은 지양할 바가 있다.

헌재도 '다른 것은 다르게'라는 평등기준을 내세운다.

일종의 신분에 따라 적용되는 법체계에 나는 찬동한다.

대표적으로 군인이 있는데, 군인은 특수신분으로 군형법으로 규율된다.

각 신분에는 그 신분에 맞는 적절한 법 영역이 있고, 법 또한 그 세밀한 분류하에서 입법되어야 한다는 것이다.

내가 '부당한 법의 차별'을 주장하는 것은 분명 아니다.

헌법 제11조 평등의 정신을 지키면서 각 신분에 맞는 세밀한 입법이 요구된다고 나는 생각한다.

103. 자력방위권

미국 수정헌법상 자위권상 총기소지가 허용된다. 나는 개인의 자기보호권은 선험적, 천부적 권리라고 생각한다.

우리나라의 경우 총포 도검을 허가로 하는데, 일종의 질서중시적 입법이라고 할 수 있다.

범죄에 사용될 우려도 없지는 않겠지만, 적어도 나는 천부인권적 자기보호권이 선재한다고 생각해 본다.

(d, dwwrd wtt··· eegse······, d, refa dfs rd ds ef tfw qdd wdrs vdgse.)

104. 노무현 대통령, 탄핵 사건 평석

헌정사상 처음으로 있었던 탄핵 사건이다. 일단 법리만을 놓고 보면 간단하다. 탄핵사유는 피소추자의 '위법'에 국한되고, 헌재는 대통령 탄핵 사건은 그 사안의 비중에 걸맞는 위법성을 요구한 사건이다.

판결요지를 먼저 인용하고 주석을 달아 본다.

1) 헌법재판소는 사법기관으로서 원칙적으로 탄핵소추관인 국회의 탄핵소추의결서에 기재된 소추사유에 의하여 구속을 받는다. 따라서 헌법재판소는 탄핵소추의결서에 기재되지 아니한 소추사유를 판단의 대상으로 삼을 수 없다. 그러나 탄핵소추의결서에서 그 위반을 주장하는 '법규정의 판단'에 관하여 헌법재판소는 원칙적으로 구속을 받지

않으므로, 청구인이 그 위반을 주장한 법규정 외에 다른 관련 법규정에 근거하여 탄핵의 원인이 된 사실관계를 판단할 수 있다. 또한, 헌법재판소는 소추사유의 판단에 있어서 국회의 탄핵소추의결서에서 분류된 소추사유의 체계에 의하여 구속을 받지 않으므로, 소추사유를 어떠한 연관관계에서 법적으로 고려할 것인가의 문제는 전적으로 헌법재판소의 판단에 달려 있다.

(맞는 판시이다. 탄핵소추는 일종의 공소랑 비슷한 구조인데, 불고불리의 원칙상 국회의 소추사유에만 구속되어야지, 헌재가 별도로 조사 심리하여 소추사유를 추가하는 것은 재판의 공정성과 소송구조상 허용될 수 없다고 본다.)

2) 적법절차원칙이란, 국가공권력이 국민에 대하여 불이익한 결정을 하기에 앞서 국민은 자신의 견해를 진술할 기회를 가짐으로써 절차의 진행과 그 결과에 영향을 미칠 수 있어야 한다는 법원리를 말한다. 그런데 이 사건의 경우, 국회의 탄핵소추절차는 국회와 대통령이라는 헌법관 사이의 문제이고, 국회의 탄핵소추의결에 의하여 사인으로서의 대통령의 기본권이 침해되는 것이 아니라, 국가관으로서의 대통령의 권한행사가 정지되는 것이다. 따라서 국가관이 국민과의 관계에서 공권력을 행사함에 있어서 준수해야 할 법원칙으로서 형성된 적법절차의 원칙을 국가관에 대하여 헌법을 수호하고자 하는 탄핵소추절차에는 직접 적용할 수 없다고 할 것이고, 그 외 달리 탄핵소추절차와 관련하여 피소추인에게 의견진술의 기회를 부여할 것을 요청하는 명문

의 규정도 없으므로, 국회의 탄핵소추절차가 적법절차원칙에 위배되었다는 주장은 이유 없다.

(이 판시에는 문제가 많아 보인다. 적법 절차의 원칙. 주로 절차법상의 문제인데, 헌재는 본안판단을 하기 위하여, 대통령 측 변호인의 주장을 기각한 듯하다.

탄핵소추절차가, 적법절차에 위반해서 행해졌으면 당연히 기각해야 하는 것이다.

적법절차원칙은 국가와 국민 사이에서만 존중되어야 하는 원칙이 아니라 국가관 내부에서도 준수되어야 할 원칙이다.)

본안사안에 대해서 주석을 달아 본다.

(1) 2003. 12. 19. 리멤버 1219 행사에서의 발언

대통령이 2003. 12. 19. 노사모 등 개혁네티즌연대가 주최한 '리멤버 1219' 행사에 참석하여 "여러분의 혁명은 아직 끝나지 않았다. 시민혁명은 지금도 계속되고 있다.", "존경하는 우리 노사모 회원 여러분, 그리고 시민 여러분, 다시 한번 나서 달라."라고 발언한 사실이 인정된다.

위 발언은, 대통령이 대선 당시 자신을 지지하였던 노사모 등의 단체가 당선 1주년을 축하하기 위하여 피청구인을 초청하여 축하행사를 하던 자리에서 행한 발언으로서, 문제된 발언의 내용을 연설 전체의 맥락에서 살펴보면 행사의 참석자에게 선거개혁('돈 안 드는 공명선거')이나 정치개혁에 동참해 줄 것을 호소하는 발언이거나 단지 '포괄적으로 자신에 대한 지지를 요청'하는 발언으로, 선거와 관련하여 특정 정당에 대한 지지를 호소하거나 시민단체의 불법적 선거운동을 권유하는 발언으로 보기 어렵다. 따라서 대통령의 위 발언은 허용되는 정치적 의견표명의 범주를 벗어나지 않는 것으로서 선거에서의 정치적 중립의무에 위반되거나 사전선거운동에 해당된다고 할 수 없다. 또한, 그 외 다른 법 위반에 해당한다고도 볼 수 없다.

다만, 대통령의 특정 시민단체에 대한 편파적 행동은 대통령을 지지하는 국민의 집단과 그를 지지하지 않는 국민의 집단으로 나라가 양분되는 현상을 초래함으로써, 모든 국민의 대통령으로서 국가공동체를 통합시켜야 할 책무와도 부합하지 않으며, 나아가 정부 전반에 대한 국민의 불신으로 이어질 수 있다.

(위의 발언이 공무원의 선거중립의무에 위반된다고 사실상 무고한 당시 한나라당의 소추사유를 확인할 수 있다.

공무원의 선거중립의무의 취지는 공정선거를 위함이지, 정치적 지지까지 막는 조항은 아니다.)

즉 공무원이 직위를 이용하여 선거의 공정성을 해하는 것을 금지하기 위한 법조의 취지이다.

노 대통령의 발언은 통상적 표현의 자유에 속할 뿐 아니라, 선거의 공정성을 해하는 발언은 아닌 것이다.

시민들에게 참여와 활동을 촉구하는 통상적 대통령의 발언범위 안에 있는 것이다.

위의 판결문을 보면, 한나라당은 사실상 무고하게 대통령을 탄핵했음을 알 수 있다.

법리 밑에 재판관의 개인적 의견이 들어가 있는데 참 기우 같은 발언이라고 평한다.

(2) 2003. 12. 24. 전직 비서관과의 청와대 오찬에서의 발언

대통령이 2003. 12. 24. 국회의원선거에 입후보하기 위하여 퇴임한 전직 비서관 등 9명과의 청와대 오찬에서 "내년 총선은 한나라당을 하나의 세력으로 하고 대통령과 열린우리당을 한 축으로 하는 구도로 가게 될 것이다.", "내년 총선에서 민주당을 찍는 것은 한나라당을 도와주는 것으로 인식될 것"이라는 등의 발언을 한 사실이 인정된다.

대통령 부부가 9명의 전직 청와대 비서관, 행정관들과 가진 청와대 오찬의 경우, 우선 모임의 성격이 대통령의 지위에서 가진 모임이라기보다는 사적인 모임의 성격이 짙고, 위 발언의 내용에 있어서도 대통령이 공직상 부여되는 정치적 영향력을 이용하여 선거에 부당한 영향을 미치고자 하는 의도가 있는 것으로 보기 어렵다. 대통령의 위 발언은 발언의 상대방, 그 경위와 동기 등을 종합하여 볼 때 정치적 의견표명의 자유를 행사한 것으로서 헌법상 표현의 자유에 의하여 정당화되는 행위이며, 정치적 공무원에게 허용되는 정치적 활동의 한계를 넘지 않은 것이다.

(판결문의 의견과 나의 의견이 거의 같다. 완전히 같은 의견은 없을 테니까….

한마디 덧붙이면, 대통령이 이런 류의 정치적 발언 또한 할 수 없는 국가가 어디에 있을까?)

(3) 국민을 협박하여 자유선거를 방해한 행위

이 부분 소추사유는 구체적 사실을 특정하지도 않은 채, '국민을 협박하여 특정 정당의 지지를 유도하고 총선 민심에 영향을 미치는 언행을 반복함으로써' 국민의 자유선거를 방해하였다고 주장하는 것인바, 피청구인의 선거 관련 발언들이 일반 공직사회에 파급효과를 미쳐 공직자들의 선거중립적 태도에 실질적으로 부정적 영향을 미쳤다거나, 피청구인이 수장으로 있는 행정부 조직이 특정 정당을 위하여 선거에 개입하였다거나, 선거관리위원회의 공정한 선거관리 기능에 장애를 초래하였다고 볼 자료가 없고, 이로써 국민들의 선거에 관한 자유로운 의사형성을 저해·왜곡하였다거나 자유로운 투표권의 행사를 방해하였다고 볼 여지가 없다.

따라서 피청구인의 선거 관련 발언들이 자유선거를 방해하였다거나 선거방해죄에 관한 규정인 공선법 제237조 제1항 제3호에 위반된다고 할 수 없다.

(노무현 대통령이 국민을 협박한 적이 있던가? 고 김선일 사건에서 관례를 깨고, 테러리스트와 국정원을 협상시킨 사람이다. 정이 많고 인간적인 사람이다.)

탄핵소추사유는 이 정도로 보기로 한다. 탄핵소추사유를 보면, 당시 한나라당은 무고에 가까운 죄(자연적 죄)를 지었다고 남기고 싶다.

무고한 인간을, 그것도 국가를 이끄는 대통령을 비열하게 모함한 사건이었다고 평한다.

105. 대통령 연임제에 관하여

현재 우리 헌법은 5년 단임제를 채택하고 있다. 과거 헌정사상 대통령들이 장기집권을 모색했고, 87년 헌법은 단임제로 규정해 놓은 것이다.

그러나 대통령 실무상 5년 단임은 문제를 가지고 있다. 노무현 대통령의 임기 말에 헌법개정을 추진했는데 4년 연임제에 관한 것이었다. 물론 제128조상 개정발의 대통령에게는 적용제한을 두고 있다.

욕심으로 부당한 방법으로 장기집권을 하는 소인들의 문제가 아니라 대통령 실무상 5년은 짧다고 말하고 싶다.

국가의 거시적 계획이나 발전에 있어서 5년은 짧은 시간인 것이다.

그렇기에 나는 5년 연임제를 제시해 본다. (미국은 참고로 4년 연임이다.)

연임제는 장점이 있다. 국민이 선거를 하고 대통령을 재평가할 수 있는 기회를 가진다는 것이다.

그렇기에 대통령은 상식적으로 국정운영에 있어서 다음 선거를 염두에 두고 국정을 운영할 것이기에, 민주주의 원칙에도 더 부합하는 선거제도이다.

또한 국정운영에서 국민의 불만족이 높을 경우, 국민들은 다음 선거에서 일종의 심판을 할 수 있다.

그리고 총 10년의 임기는 거시적 국정계획을 추진하는 데에도 5년

보다는 적합한 기간이다.

그렇기에 나는 5년 연임제 헌법개정안을 제시해 본다.

발의 당시 대통령에게 임기조항 적용배제 조항을 두었는데, 불행한 헌정사상 우리나라에는 필요한 조문이라고 본다.

대통령이 집권 시 자의적으로 헌법을 개정할 우려도 있기에, 임기조항 적용배제 조항에는 찬동한다.

선진적 대통령에게는 기대할 수 없는 일이지만, 우리는 입법을 함에 있어서 미래까지 고려해 두어야 한다.

좋은 선례조항으로 남기는 것이 좋을 듯하다.

(이웅 2023 1127)

106. 법단계설

우리의 법체계에서는 법에 차등을 둔다. 헌법을 최상위법으로 하고(물론 준수하는 이가 있을지 모르겠다만…), 법률 규칙 조례 등으로 나뉜다.

그리고 오래된 논의로 자연법론자들이 있었다. 즉 실정화, 조문화되기 이전의 자연적이고 선험적인 법을 법학자들은 생각해 왔다.

우리 인간이 실정화한 법이 아닌 상위 차원의 법은 실존한다.

다만 우리가 명시적으로 조문을 볼 수는 없다.

아무튼 인간의 대표적인 법체계 헌법, 민법, 형법, 소송법 체계와 유사하지 않을까 생각해 본다.

107. 법과 현실

법은 필연적으로 세상에 적용시킬 목적을 가진다. 물론 순수이론적 법학 추구도 당연 가능하고 아름다운 일이다.

나 역시도 여러 법을 혼자서 구상해 보았다.

나의 경우 현실을 모태로 부조리를 보면서 실정법안들을 구상했던 것 같다.

그러나 내가 실정화한 법이 세상에 구현되기를 원하지는 않는다.

108. 법의 본질

앞서도 언급했지만 현재 우리에게 통용되는 법은, 권력자의 의지라고 정의할 수 있다. 엘리네크라는 학자도 비슷하게 생각했다.

그 나름의 규칙(삼권분립 등등)을 만들고 그 체계 내에서 이전투구를 하고 있긴 하지만, 권력자의 의지(그것이 선의든 통치목적이든)라는 본질적 한계 속에서 벗어나지 못하는 것 같다.

역사적으로도 말할 나위도 없고, 지금 시대에도 통치권자들의 합의 혹은 협의가 반영된 것이 실정법 조문이다.

109. 인격체로서의 법의 화신

법의 화신 자체를 상정해 볼 수 있다. 법 자체가 살아 있는 의식으로 움직이고 진보하는….

여기에 대해서는 여기서 논하고 싶지 않다.

110. 수직조직에 관하여

각기 이전투구로 자신의 주장만을 하는 지구적 현실에서 질서는 반드시 필요하다고 본다.

이상적인 체제는 여기서 상정하기 어렵다.

그렇기에 수많은 사람들이 투쟁하고 지금도 투쟁하고 있는 거 아닌가 싶다.

111. 사형제에 관하여

생명권은 천부인권이다. 그렇기에 아주 예외적 상황(타인의 중대 법익을 심각하게 침입한 사례) 등에 제한되어야 한다. 정치형법이나 군사적 범죄에 있어서 사형형을 규정하는 것은 좋지 않다.

112. 국가배신죄

국가적 구속하에서 어떤 연유로 국가안의 울타리 안에 들어온 인간을 규제하는 것은 좋지 않다.

북한의 형법이나 남한의 국가보안법 역시도 이런 국가배신죄의 소산이다.

정당한 행위 자연적 허용행위가 국가배신죄라는 명목하에 규율되는 것은 막아야 한다.

국가배신죄는 국가를 유지하기 위한 필요최소한에 국한되어야 한다.

지금 형법은 국가배신죄에 과도한 형벌권을 남용하고 있다.

박정희 같은 경우에는 대표적 악법을 제정한 사례다.

113. 무죄추정의 원칙과 수사단계에서 언론공표에 관하여

사실상 무죄추정은 모순된 원칙이다. 왜냐하면 범죄의 혐의가 있는 사람들이 수사관으로 향하기 때문이다.

그렇지만 우리는 수사단계 나아가 집행단계에서도 피고인의 사생활을 존중할 필요가 있다.

극악무도한 범죄가 아닌 한, 혹은 국민들이 꼭 알아야 할 사안이 아닌 한, 원칙적 공표금지, 포토 촬영 금지를 할 필요가 있다.

지금 운영은 일반수사에서 거부하면 강제수사로 전환하는데, 경찰 단계에서 피의자들의 프라이버시를 존중하지 못하고 있다. 법적 제한이 필요하다. 지금 피의사실 공표죄가 있는데, 사실상 사문화되었고 실정화해야 한다. 공수처나 검찰의 역할이 중시된다.

114. 생물과 법률

지금 현행법상 인간의 이종교배는 실험이 금지되어 있다. 그러나 나는 몇 가지 원칙하에 허용설을 주장해 본다.

첫 번째, 수정체의 안전과 평생보장이 반드시 전제될 것.

두 번째, 다수에게 비공개로 살아갈 자유를 가질 것.

세 번째, 수정을 시도한 존재는 부모로서 책임을 반드시 질 것.

그리고 생물학적으로 인체에 대한 위해한 새로운 시도는 반드시 검증이 필요한 분야가 아닐 수 없다.

115. 의료법에 관하여

수술이나 진료 과정에서는 타인의 신체에 타인이 손을 대는 경우가 많기에 성범죄나 타 인체에 대한 여러 가지 침해가 예상된다. 이 경우에는 형법이 규율해야 한다.

또한 지금은 수단채무로 여겨지는데, 의사들의 결과책임을 시도할 필요가 있다.

물론 최선의 의학방법으로도 치료할 수 없는 경우는 당연 면책되지만, 의사들의 불성실함이나 해태로 인한 의료사고나 질병악화의 경우는 의사들은 법적 책임을 져야 한다. 민사상 그리고 형사상.

116. 책임조각사유의 실정화

현재 형법체계에서 책임조각사유가 제시되고 있는데 기대가능성이 그 대표적 조문이다. 보다 세분화할 필요를 느낀다.

선의의 면책이론. 선의로 행위한 행위라면 위법한 사유라도 책임조각사유를 규정하는 게 맞다고 본다.

과거에 범인은닉죄 관련 사제 사건이 있었는데 친족이 아니라서 유죄판결이 났다고 기억한다.

이런 사례에서는 책임조각사유를 검토해야 한다.

그러나 선의라고 오해한 범죄행위들은 면책받을 수 없다고 밝힌다. 예컨대 911 테러를 들 수 있겠다.

117. AI시대의 법률에 관하여(Music 편)

AI가 발달함에 따라 생활권 속으로 들어오고 있다. 가수(뮤지션)와 관련한 한 입법안을 놓고 떠난다.

AI를 통해 특정 가수의 목소리를 이용해서 음반을 제작할 수 있는데 이는 동의를 구하지 않는 한 인격권 침해에 해당한다.

법률로써 금지시켜야 할 사항이다.

AI 시대에 목소리, 얼굴 등 인격권의 보호가 요망된다.

118. 공포통치에 관한 소견

공포 무력통치에 관하여.

Gentle한 상대에게는 쓰면 도에 어긋나지만, 공포로 다스려야 할 분류들이 존재한다. 공포나 폭력은 통치의 한 수단이라고 말하고 싶다. 무조건 부정할 것이 아니다. 지도층이 약하면 멸시하거나 마음대로 행하는 부류에게는 강력한 공포통치가 해답이다.

119. 북한 헌법 주석

이 편에서는 현행 북한 헌법 조문에 대한 사견을 남기려 한다.

제4조 조선민주주의인민공화국의 주권은 로동자, 농민, 군인, 근로인테리를 비롯한 근로인민에게 있다. 근로인민은 자기의 대표기관인 최고

인민회의와 지방 각급 인민회의를 통하여 주권을 행사한다.

민주주의의 핵심은 국가는 특정인의 소유물이 되어서는 안 된다는 전제요건이 필요하다.

우리는 일종의 자의적 집단의 사유화에 대한 반작용으로서 우리는 민주주의를 해석해야 한다.

국민 전체가 함께 살아가는 국가관을 우리는 수립해야 한다. 이것이 민주주의의 핵심이라고 생각한다.

그러나 민주주의를 해석함에 있어서 우리는 사농공상의 기본체계나 위계에 있어서 역리를 사용해서는 안 된다.

민주주의가 왜곡되면 패륜으로 질서를 흐트러트리는 망령으로 배회할 수 있다고 말하고 싶다(2023 1219 이웅 하느님께 올림).

제6조 군인민회의로부터 최고인민회의에 이르기까지의 각급 주권기관은 일반적, 평등적, 직접적 원칙에 의하여 비밀투표로 선거한다.

국민 스스로 대표를 뽑겠다는 정신이기도 하다. 그러나 치열한 당파전에 있어서 나는 선거에 회의를 가진다.

물론 이상적인 선거는 자유롭게 자신 있게 자신의 비전을 대중 앞에 놓고 다중의 아름다운 선의의 결과이어야 한다.

그러나 남한 현실의 추악한 모습을 목도하며 선거제에 있어서 회의를 느끼게 되었다(2023 1219).

또한 북 헌법 제6조의(이하 제는 생략한다) 조문이 현실과 괴리되어 있다고 말하고 싶다.

6조는 지나친 이상적인 추상화된 조문이지 현실을 반영 못 하고 있다.

제7조 각급 주권기관의 대의원은 선거자들과 밀접한 련계를 가지며 자기 사업에 대하여 선거자들 앞에 책임진다. 선거자들은 자기가 선거한 대의원이 신임을 잃은 경우에 언제든지 소환할 수 있다.

7조의 전문은 마음에 드는 조문이다. 남한 헌법은 대의제라 하며, 책임을 회피하는데 다수의 대표직을 수행하기 위해서는 반드시 책임이 전제되어야 한다고 생각한다. 남한의 무책임한 추태를 바라보며 7조 전문에 동의한다. 나도 사실 7조 전문과 같은 생각을 이전에 피력한 바 있다.

다만 국민소환에 있어서는 다중의 분열과 선동적 행태 또한 어림을 감안해야 한다. 국민소환제의 무분별한 행태는 집단적 시류를 만들어

내는 남한의 추한 현실을 제도상으로 구현화할 수 있는 한국에는 부적절한 조문이라고 생각한다.

북한 헌법 제정자들은 이상적 정치형태를 현실적 고려 없이 입법화했다고 생각한다. 단순한 이데올로기만으로 공식처럼 만들어 낸 제도는 현실적 결과 이상을 구현할 수 없다.

제8조 조선민주주의인민공화국의 사회제도는 근로인민대중이 모든 것의 주인으로 되고 있으며 사회의 모든 것이 근로인민대중을 위하여 복무하는 사람중심의 사회제도이다. 국가는 착취와 압박에서 해방되어 국가와 사회의 주인으로 된 로동자, 농민, 군인, 근로인테리를 비롯한 근로인민의 리익을 옹호하며 인권을 존중하고 보호한다.

8조의 "모든 것이 근로인민대중을 위하여 복무하는 사람중심의 사회제도이다"라는 문장에 대해서

내가 전에 언급한 바가 있다. 전체가 지나치게 강조되면 개인의 정체성은 축소되고 일종의 도구적 인간관으로 전락할 위험이 매우 높다. 집단은 최소적 울타리로 족해야지, 족쇄가 되어서는 안 된다고 생각한다.

북한은 지나친 집단주의를 통해 개인의 자유와 창의를 말소하는 경향을 보이고 있다.

8조 후문에 관하여

일종의 자유적 정신을 그리고 있다. 그렇지만, 오히려 역설적으로 국가 자체가 착취와 억압을 한 게 북한이 아니던가?

제10조 조선민주주의인민공화국은 로동계급이 령도하는 로농동맹에 기초한 전체 인민의 정치사상적 통일에 의거한다. 국가는 사상혁명을 강화하여 사회의 모든 성원들을 혁명화, 로동계급화하며 온 사회를 동지적으로 결합된 하나의 집단으로 만든다.

일단 우리는 계급적 현실의 존재를 필연적으로 받아들여야 한다. 계급을 부정하는 것은 지구의 자연질서를 부정하는 것에 다름 아니다.

계급은 지구적 현실의 필연이다.

북한 헌법은 괴이한 사상으로 지배층을 이름만 바꿨을 뿐 3차원 피라미드체계는 동일하다고 보인다.

제11조 조선민주주의인민공화국은 조선로동당의 령도 밑에 모든 활동을 진행한다.

일단 남한 헌법은 복수정당제를 보장한다. 정당끼리의 경쟁은 다양한 정치환경을 창출해 내는 통로라고 볼 수 있다.

그러나 남한에서 편 가르기, 투견 같은 투쟁, 권력쟁투는 추한 모습을 그대로 보여 주었고, 이념이고 사상이고 부재한 투견 같은 권력쟁투를 그대로 보여 주었다.

일당전제의 체제는 재고를 요한다. 다양한 사상의 장과 발전의 장이 필요한 것이 복수정당제라고 나는 생각한다.

이런 보수적 정신은 반드시 패퇴되게 되어 있다고 덧붙이고 싶다.

제12조 국가는 계급로선을 견지하며 인민민주주의독재를 강화하여 내외적대분자들의 파괴책동으로부터 인민주권과 사회주의제도를 굳건히 보위한다.

기존의 계급체제를 신진계급으로 이름만 바꾸고(노동당) 그 체제를 고수하겠다는 생각의 산물이 제12조라고 생각한다. 명목상 인민을 위한다고 하고 있을 뿐 실상은 피라미드 산행이 아니던가 묻고 싶다.

그런 현실을 부정한 정치행태는 위선으로 직결되지 않겠는가?

제13조 국가는 군중로선을 구현하며 모든 사업에서 우가 아래를 도와주고 대중 속에 들어가 문제해결의 방도를 찾으며 정치사업, 사람과의 사업을 앞세워 대중의 자각적 열성을 불러일으키는 청산리정신, 청산리방법을 관철한다.

13조는 자아에 대한 엘리트 정신이 들어가 있는 조문이다. 로동자당이라며 엘리트 정신을 반영해 놓은 취지는 무엇인가? 월권이자 가림막이라고 보인다. 남을 계도할 만큼의 역량이 있는지 묻고 싶다.

사실 남한에서도 엘리트주의를 경험해 봤는데 실력 없이 괴이한 자아망상에 도취된 자들의 자의식이었다고밖에는 볼 수 없다.

실력이 전제되지 않은 엘리트주의는 혐오스러운 산물일 뿐이다.

예를 들어 '자칭 엘리트'가 농부에게 무엇을 가르치려는가? 화가 난다. 농부의 영역을 자칭 엘리트가 간섭하면 안 된다.

제15조 조선민주주의인민공화국은 해외에 있는 조선동포들의 민주주의적 민족권리와 국제법에서 공인된 합법적 권리와 리익을 옹호한다.

15조의 운영에 있어서 국가가 자국민을 보호하는 것이 아닌 통제하고 억압하는 통치로 전락한 북한의 현실을 바라본다. 앞서 집단주의의 폐해를 지적했고 그대로 적용된다.

제16조 조선민주주의인민공화국은 자기 령역 안에 있는 다른 나라 사람의 합법적 권리와 리익을 보장한다.

16조도 괴리가 심하다. 마치 척화비를 세워 놓고 통제상태를 유지하면서 외국인 권리보호라고 할 수 있는가? 웜비어는 재판으로 사망했는데 북한 당국의 치사사건이라고 보인다.

웜비어의 행위가 그의 목숨까지 잃을 만한 행동이라고 보이지 않는다. 추방 과태료 정도로 족하다고 보인다.

아무튼 16조 자체는 괜찮은 조문이다. 지켜져야 하는 조문이기도 하다.

제17조 자주, 평화, 친선은 조선민주주의인민공화국의 대외정책의 기본리념이며 대외활동원칙이다. 국가는 우리나라를 우호적으로 대하는 모든 나라들과 완전한 평등과 자주성, 호상존중과 내정불간섭, 호혜의 원칙에서 국가적 또는 정치, 경제, 문화적 관계를 맺는다. 국가는 자주성을 옹호하는 세계인민들과 단결하며 온갖 형태의 침략과 내정간섭을 반대하고 나라의 자주권과 민족적, 계급적 해방을 실현하기 위한 모든 나라 인민들의 투쟁을 적극 지지성원한다.

소국의 독립쟁취가 반영된 조문이다. 식민상태의 경험이 이 조문 창설자의 의식에 영향을 끼쳤으리라….

그러나 국제사회에서는 이제 구식의 조문이라고 보인다. 물론 국가의 독립주권 보호에는 동의하지만 말이다.

식민지배에 대한 지나친 반작용이 보인다…. 아마 일본치하의 현실과 맞물려 있었으리라….

그러나 2023년 지금 현재에도 러시아의 우크라이나 강제병합시도 사건을 바라보며 자국의 주권보호에는 소홀히 하면 안 된다고 생각한다.

제18조 조선민주주의인민공화국의 법은 근로인민의 의사와 리익의 반영이며 국가관리의 기본무기이다. 법에 대한 존중과 엄격한 준수집행은 모든 기관, 기업소, 단체와 공민에게 있어서 의무적이다. 국가는 사회주의법률제도를 완비하고 사회주의법무생활을 강화한다.

이 법의 제정자의 '법관'(法觀)이 반영되어 있다. 법을 이해함에 있어서 본질을 호도한, 사상이라고 생각한다. 법은 무기가 아니다….

또한 국가관리라는 표현도 이 자의 사상에 대한 재고를 필요로 한다. "국가는 너의 소유물이 아니다."라고 말하고 싶다. 이런 자들의 통치사상으로 얼마나 많은 인민대중이 자유를 잃고 신음해야 하는가?

비단 북한만의 문제가 아니다. 민주주의를 떠들며 관리를 논하다니 이율배반이 아닐 수 없다.

법은 질서, 자유, 공정, 정의를 지향해야 한다. 이것이 진정한 법의 정신이라고 말할 수 있다.

그러나 이러한 법의 정신을 체득한 이는 매우 드물다.

나는 이 책에서 진정한 자유, 질서, 공정, 정의의 법관(法觀)을 역설하고 싶다.

정치적 자유와 다른 의견을 가질 권리(2023 이웅)

전체주의나 국가주의가 퍼진 집단에서는 개인적 의견은 환영받지 못한다. 사실 지구촌 어느 집단이나 소규모에서부터 대규모에까지

다수적 전제를 원하는 것 같다.

나는 남한에서 자라면서, '다중, 다수'의 횡포를 직접 경험하면서 커왔다.

하지만, 법의 정신, 그리고 정의의 정신은 인간의 사상의 자유를 보호할 것을 요청으로 한다.

그렇기에 소수의견이라고 배척당하거나, 공격의 대상 혹은 국가적 폭력의 산물이 되어서는 안 되는 것이다.

북한의 정치실태를 보면, 전체주의적 집단사고가 퍼진 것을 볼 수 있다.

그들의 문화라고 생각할 수도 있으나, 바람직하지 않다.

폭력, 공포, 통치를 통해 일종의 위하적 수단으로 사람을 억압하는 것은 부당한 압제의 사슬이라고 나는 말하고 싶다.

개인의 자유, 사상의 자유는 필수적인 인간존엄의 전제요건이라고 밝힌다.

사실 남한에서도 '다수'와 다른 의견을 집단으로 공격하는 세태 속에서 나는 자라 왔다.

나 역시 남한에서 '소수의견'을 가졌고, 다수의 공격에 많이 노출되기도 했다.

그러나 진리를 향한 자유의 정신은 비록 목숨을 빼앗을지라도, 막을 수는 없을 것이다.

결론짓자면, 인간이라는 종은 집단이라는 곳에서 필연적 갈등에 노출된다.

한정된 자원을 서로 가지고자 하는 이전투구의 세상 법칙 안에 있기에, 그리고 권력 등등을 원하는 인간 생물종의 욕망이 있기에 낳는 비극이리라….

우리는 간단한 윤리, 상대에 대한 존중을 인간적 전제요건으로 삼아야 할 것이다.

또한 자유에 있어서도 '타인에 대해 위해'가 되지 않는 한, 개인은 최대한의 자유를 향유해야 할 것이다.

한마디만 덧붙이고 싶다. 남한에서는 자유라는 미명하에, 타인의 권리를 해하는 세태가 비일비재했던 경험을 한 적이 있다. 나의 자유는 타인의 권리를 넘지 못한다고 끝맺고 싶다.

이웅 남김 2023. 1226.

120. OM

공익사업규제법.

공익을 명분으로, 주로 모금을 한 후, 정직하지 못한 사업을 행하는 비영리(?)법인이 많이 눈에 띈다. 영리목적으로 설립된 단체라고 추정된다. 사실상 '사기'에 가까운 범죄행위를 '공익사업'이라는 명목하에 국가가 방치하고 있다.

기부금품이나 모금사업에 있어서 '회계'의 공개, 그리고 일종의 특별횡령죄 창설이 필요하다.

기부금품을 목적 외 사용했을 시 '특별횡령죄' 구성요건 창설이 요망된다.

또한 회계는 정부의 감사를 받으며, 기부금품 제공자에게 공개할 '의무'를 법으로 제정해야 한다.

자신이 기부한 돈이 어느 곳에 어떻게 쓰였는지를 반드시 공개하고 확인받아야 하는 것이다.

사업 자체 설립에는 엄격할 필요는 없지만, 적어도 설립된 법인의 경우에는 형법의 적용을 통해, 운영관리의 투명성을 확보해 내야 한다.

영리 목적의 단체가 비영리 목적으로 둔갑한 채 자본주의적 요소를 보이는 것을 분명히 막아야 한다.

뭐 법외적으로 특정 vision을 위해(진정한 선의를 위해) 사업을 추구하는 것은 바람직하다고 생각한다.

밑에 실정법으로 만들어 보았다.

121. 연설문

여러분 우리 지구는 그리고 우리 인류는 중대한 시국에 직면했습니다.

강대국이 불법으로 타국을 침입하는 일이 벌어졌습니다.

여러분, 우리는 타인의 존중과 주권에 대한 존중을 인식해야 합니다.

한 민족, 한 국가가 평범한 생활을 영위하고 있는데도, 불의한 공격으로 불법점거를 하는 세태를 함께 비난하고 비판해야 합니다.

여러분 여러분의 집이 강도들에 의해 공격당했다고 가정해 보십시오.

누군가가 무장을 한 채 여러분의 집에 침입했다고 생각해 보십시오.

세계인 여러분 우크라이나는 남의 일이 아닙니다. 먼 나라의 일이 아닙니다.

우리 눈앞에서 일어나고 있는 범죄입니다.

세계인 여러분, 우리는 함께 힘을 합쳐서, 이런 불법적 행위에 단호하게 대처해야 할 것입니다.

여러분이 누구든 어떤 신분이든 우리는 지구인으로서 정의에 대해 말해야 할 것입니다.

우리 세계 여러분들이 단결한다면 범죄자 역시도 자신의 의지를 꺾을 것이고, 물러날 것입니다.

세계인 여러분 목소리를 내 주십시오. 우크라이나는 여러분의 가정입니다.

이웅 씀 2023 1227.

OM.

Ladies and gentlemen, our planet and our humanity are facing a critical time.

Great powers illegally invaded foreign lands.

Ladies and gentlemen, we must recognize respect for others and respect for their sovereignty.

We must condemn and criticize the situation in which each nation and nation are leading a normal life, yet they are illegally occupying the country through unrighteous attacks.

Suppose your home is attacked by robbers.

Imagine that someone armed broke into your home.

Dear people of the world, Ukraine is no one else's business. It's not a distant country.

It's a crime that's happening right before our eyes.

Fellow citizens of the world, we must work together to resolutely confront these unlawful acts.

No matter who you are or what your status is, we, as people of Earth, will have to speak for justice.

If our worlds unite, the criminals will break their will and retreat.

Speak up, all of you around the world.

Lee woong(Korean 2023 1227)

122. 죄형법정주의 보완론

죄형법정주의는 국민의 사법신뢰를 높이고 전단적, 자의적 형벌을 금지함에 그 목적이 있다.

다만 죄형법정주의는 맹점이 있는데, 실질적 범죄를 법규상의 미비로 처벌할 수 없다는 단점이 있다. 나는 하나의 형법 일반조항을 만들어 보았다. (위에서 언급한 부분인데 다시 언급한다.)

죄형법정주의 보장. (단 예외 조항 - 죄형법정주의를 원칙으로 하되 일반적 법감정상 범죄되는 행위는 법전에 규정이 없어도 재량하에 처벌할 수 있다.)

123. 동물과 법

동물은 물건으로 치부되는데 이는 좋지 않다. 동물 역시 인격을 가진 영혼의 집산체다.

우리는 법학을 함에 있어서 동물까지 포섭하는 법을 만들어야 한다.

일단 기본적으로 동물을 '보호'하는 법률조항이 필요할 것이다. 재산관련법도 필요하긴 하다(예컨대 동물에 대한 유증 같은 경우).

그러나 시급한 과제는 동물의 복지 보호에 최선을 다하는 것이다. 동물 역시도 법적으로 하나의 인격주체와 동일하게 다루어져야 한다.

나는 법상 죄를 진 적이 있다. 마음 아픈 동물과의 인연을 이곳에 고백해 본다(CONFESSION). 하늘께서 내 죄를 아시나니… 내 실책도 아시나니… 기도할 뿐입니다.

124. 옴 - 공산주의 경제에 대한 평(2024 이웅)

인류의 삶을 21c에 원시시대로 되돌린 경제.

125. 푸틴이 러시아 진보당 대표 나발니를 암살했다.

"닭의 목을 비틀어도 새벽은 온다."라는 격언이 있다.

정적들을 무차별 제거하는 행위가 옳은가 묻고 싶다.

또한 약소국 우크라이나를 병합하려는 시도는 정당한가 묻고 싶다.

그리고 러시아 자유주의에도 묻고 싶다.

한국을 보면, 군부독재 물러가라며 정치한 사람들이 권력을 잡자, 무얼 하고 있는가?

정말 독재를 끝내고, 정말 국가와 민중 정의를 위해 일할 신념이 있는가 묻고 싶다.

단지 자신들이 하겠다는 추한 권력욕이면 자유를 논하지 말길 바란다.

2024 0221 웅 남김.

126. 저널리즘과 언론에 관하여

고 노무현이 기억난다. 《조선일보》와의 투쟁을 선언했던….

인터넷에서 보는 기사들은 자극적인 제목만을 양상하며, 조회수 올리기에 급급하다.

사실과 논평을 전달해야 할 저널리즘의 실종이다.

과거 군부독재 시절에는 정권의 하수인을, 지금은 조회수 올리기에 급급한 현실을 본다.

무자격자들의 언론이 아닐까 싶다.

에드가 스노우가 기억난다. 직접 홍군에 들어가서 《중국의 붉은 별》을 집필했던 그가….

2024 이웅.

127. 정의의 비용(이웅 2024)

트럼프 후보자가 나토방위에 있어서 '방위비'를 내야 한다고 말했다.
기업가적 사고가 아닐 수 없다.
나는 간단히 말한다. 정의의 비용은 돈으로 환산할 수 없다고.

128. 詩

허상의 그림자는 실질을 가린다.

職과 外의 그림자에 쌓여 우리는 살아간다.

그러나 그대도 나도 인간인 것을….

한낮의 불꽃에 싸여 잿더미로 화할 육체 안의 위대한 정신은 그대에게 다가갔다.

시간 지나 세상의 외연에서 벗어나는 날.

바른길을 걷는다면 그대는 나의 그림자를 보리라.

이웅 2024 0228. 조선에서.

129. 옴

국민제안제도.

여과기를 거쳐 실질부당을 캐치 개선.

국민 중 탁견은 채택.

웅 올림 ae 2024

법의 극한값.

나는 생각했다. 정의와 불의는 양면과 같다고….

불의가 있기에 정의가 의미가 있다는 것을 알았다.

우리의 세계에서 일종의 안티테제적 정의론이긴 하다.

점점 사상이 진보할수록, 안티테제에서 넘어서서 테제를 수립할 것이다.

그리고 법이 무한으로 다가가면 어떻게 될까?

미지의 영역이다.

천상계에 형법은 존재할까?

일단 진정한 자유의 경지는 법의 영역을 벗어난다고 말하고 싶다.

그러나 법학 자체가 극한으로 가면 어떤 역할을 할지는 아직 미지수다. 나는 그 길을 걸을 것이다.

웅 2024 0228.

130. 진보적 변증법

기존 테제에서 부당과 모순을 발견하고 안티테제를 수립하는 방식이다. 상당히 효율적이다.

우리 사회에서도 명칭이 붙은 법은, 일종의 진보적 변증법과 같다.

개인적으로 SL법(설리법)을 입법해 보았다.

우리가 세상에서 살며 기존 테제의 부당에 직면했을 때 우리는 진보적 정신을 사용할 수 있다.

2024 0228 이웅.

131. 옴

하늘이 설마 불의하랴.

(미완의 정의를 향하여 2024 0229)

노자선생은 말씀하셨습니다. 하늘의 그물은 성긴 것 같아도 빠져나갈 수 없다고…. 저는 이 말을 조금 생각해 봅니다.

신께서는 인간에게 자유의지를 허락하셨지만, 적어도 '불의'하시지는 않으실 거라고 기도해 봅니다.

132. 옴 - 자선단체 공익규제법

입법설명서.

표면행위상 선의를 명목으로 불특정 다수의 선량한 마음을 이용하여, 모금 등을 하고

부정행위를 하는 개인 단체가 나타난다.

법은 이런 행위에 있어서 행위자에게 제재를 가하고, 선량한 마음을 보호하며, 기부자의 재산권을 보장할 의무를 부담한다.

아울러 수급자에게 모금이 제대로 전달되게 하는 목적 또한 가지고 있다.

웅 올림 ae 2024 0228.

1조

자선단체란 기부금품 모집 등 선의사업을 하는 민간집단을 의미한다.

기여자란 자선단체에 금품 기타 이윤을 제공하는 사람을 의미한다.

수급자란 자선단체를 통해 도움을 받는 사람, 동물 단체 등을 총칭한다.

2조 회계공개의무.

기여자는 자신이 제공한 금품이 어디에 어떻게 사용되었는지 '알 권리'를 가진다.

기여자의 청구권 - 기여자가 일정 금액 이상의 금품을 제공하고, 금품사용출처를 청구한 경우 자선단체는 행위자의 금품 사용처를 문서나 이와 유사한 방법으로 제시할 의무를 부담한다.

일정 금액 이상은 보건복지부령으로 정한다.

자선단체의 회계공개의무 - 자선단체는 모금된 급여의 총액과 사용처를 대외적으로 공시할 의무를 부담한다.

부정회계기재죄 - 위 조항에 위반하여 사실과 다른 적시를 한 경우 2년 이하의 징역에 처한다.

사기금품모집죄 - 선의 사업 외의 용도로 모금을 계획하고 모금한 경우 2년 이상 15년 이하의 징역에 처한다.

전조의 죄의 예비 음모는 벌하지 아니한다.

허위정보제공죄 - 허위의 사실을 적시하거나, 사실을 수인한도 이상으로 과장하여 모금한 경우 2년 이하의 징역 1,000만 원 이하의 벌금에 처한다.

전조의 구성요건해석에서 검찰은 법리판단의 기소재량권을 가진다.

법원은 전조의 죄로 공소가 제기된 경우 해당 사실을 조사할 의무를 부담한다. 여기서 법원은 전조에 기재된 구성요건 해석권을 가진다.

몰수 추징 - 국가는 사기금품모집죄, 허위정보제공죄의 전문의 범죄행위가 유죄확정 된 경우, 행위자에게 기여된 금액을 전액 몰수하고, 미달이 있는 경우 행위자에게 전액 채무를 부담시킨 후 추징한다.

몰수 추징 2 - 국가는 부정회계기재죄와 허위정보제공죄 후단의 범죄로 유죄확정 된 경우, 수급자에게 제공된 금품 등을 제외하고 법원은 판단에 의해 기여된 물품을 몰수 추징할 수 있다.

전조에서 몰수 추징의 범위는 법원의 합리적 판단권에 위임한다.

법원은 부정회계기재죄와 허위정보제공죄 후단의 범죄로 유죄확정 판결을 하면서 몰수 추징판결을 부과할 경우 이를 판결문에 함께 명시하여야 한다.

반환 - 국가는 몰수(추징)된 금액을 제공한 금액비례상으로 계산하여 제공한 기여자에게 반환할 의무를 부담한다.

해산명령 - 법원은 위 각조에 행한 범죄행위가 발생하고, 단체유지가 공익에 해할 우려가 있는 경우에 해당 단체의 해산을 명할 수 있다.

청산 - 기여금을 제외한 투자금은 원 귀속주에게 청산된다.

133. 국민긴급생계구조법(2024 이웅)

(기도 서문: 하느님 0원의 통장으로 전전해야 했던 저의 과거를 거울

삼아 법을 만들어 보았습니다.)

현행 국민기초생활수급법에서는 생계의 여력이 없는 국민을 심사하여 일정의 생계비를 지급하고 있다.

그러나 심사까지 기간이 소요되고, 당장 생계가 급한 경우 국가의 도움을 받을 수 있는 절차가 미비하다.

실례로, 한 북한이탈주민의 경우 남한에서 아사한 사건이 발생했다.

이 법은 국민기초생활보장법과는 별도로, 국민의 긴급생계와 복지를 보호하는 데에 목적이 있다.

1조 국가의 의무: 국가는 긴급한 의식주의 필요가 있는 국민들의 실태를 조사하고 개선할 의무가 있다.

2조 지방자치단체의 의무: 지방자치단체는 관할구역 내에 긴급지원이 필요한 국민을 위한 정책을 수립하고 자원을 마련하고 자치단체 내의 개별정책을 시행할 의무를 부담한다.

3조 행정청의 긴급대출지원 : 동사무소는 관할구역 주민이 금전부족의 생계호소를 신청한 경우 100만 원 이내의 긴급지원을 주민등록증 확인과 함께 '즉시 당일에' 지급할 의무가 있다.

주민은 즉시 사용해야 할 생계유지에 관한 필요가 아니면 대출지원을 신청할 수 없다.

전조에 위반하여 다른 목적으로 대출을 신청해서 승인받은 경우 200만 원 이하의 벌금에 처한다.

동사무소의 공무원은 주민의 고충을 구두나 서면으로 듣고 대출결정을 할 권한을 가진다. 사술 등의 특별한 사유가 발견되지 않는 한 공무원은 대출승인의무를 즉시 부담한다.

전 승인에 있어서 부양가족, 지인의 여부는 고려하지 않는다.

전 승인에 있어서 신청주민의 나이, 성별, 직업은 고려하지 않는다.

(주석: 청소년의 경우에도, 가출 등의 사유로 긴급한 지원이 필요한 경우 현금을 지급하여야 한다.)

대출승인은 당일에 이루어져야 하고 승인 시 바로, 직접 지급되어야 한다.

대출받은 국민은 국가에 지원받은 생계비의 원금만을 상환하여야 한다. 청구기한은 국민의 자력이 회복될 때부터 기산한다.

4조 행정청의 복리의무: 긴급대출신청이 있는 경우 승인 후 관계공무원은 신청자의 생계상황을 추후 조사할 의무를 부담한다.

관계공무원은 조사 후 국민의 생계와 목숨에 위험이 있다고 판단할 경우, 대출을 지속적으로 시행하여야 한다.

관계공무원은 국민이 사술로 생계목적 이외의 자금용도로 대출신청한 경우 경찰에 고발할 수 있다.

관계공무원은 국민이 국민기초생활보장법의 기초생활수급자 필요가 있다고 판단한 경우 신청을 대리하여야 한다.

5조 지방자치단체의 조사의무: 지방자치단체는 관할구역 내에 주민들 중 기초생활수급자의 필요가 있는 주민을 조사하여야 한다.

조사는 주민의 기본권을 보장하며 주민의 양해하에 이루어져야 한다.

조사 결과 국가의 도움이 필요한 주민이 발견된 경우 지방자치단체는 기초생활수급자 신청을 대리할 의무가 있다.

6조 인터넷 신청: 국민기초생활수급법상 수급요건에 해당하는 주민은 거주구역 지방자치단체에 인터넷 서면으로 신청을 할 수 있다.

해당 지방자치단체는 주민의 신청 시 국민기초생활수급법상 신청을 대리하여야 한다.

인터넷 신청에 필요한 서류 제출은 보건복지부령으로 정한다.

7조 긴급의료비지원:

1호 국민은 의료사고로 의료비가 필요한 경우 자력이 부족한 경우 관계병원에 정부보증 긴급의료지원을 신청할 수 있다.

2호 관계 의료관은 전 호의 신청이 있는 경우 즉시 의료행위를 하여야 한다.

3호 정부는 의료관의 신청이 있는 경우 관계 의료관에 의료비를 정산하여야 한다.

4호 정부는 신청국민에게 구상권을 행사할 수 있다. 구상권의 기한은 국민이 자력상환이 가능한 경제상태가 될 때부터 기산한다. 구상권은 의료지원금으로 국한된다.

134. 공직선거법개정안(2024 웅)

국회의원에 입후보하고자 하는 후보자는(지역구 비례대표를 포함한

다) 법률소양시험에 응시하여야 한다.

법률소양시험은 기초법률에 대한 개념이해와 법철학과목을 필수로 한다.

6할 이상의 점수를 획득해야 국회의원 입후보의 자격이 있다.

시험위원은 공인된 국가법률대학(로스쿨) 교수 중에서 법무부가 위촉한다.

시험 난이도는 지엽적인 것을 배제하고 법학의 기본관념을 숙지했는지 여부만을 판별한다.

국회의원 입후보 법률자격시험의 경우
한번 응시하여 통과한 경우, 평생 유효하다.

이웅 2024.

(위헌논란이 있을 수 있으나, 선거제의 기조를 유지하되, 무자격자가 국회에 입성하여 입법권을 오염시키는 것을 방지하는 공직선거법 개정안이다.)

135. 광우병 파동과 군중심리 그리고 선동

노무현 대통령이 서거하시고, 이명박 대통령이 당선되었다. 노무현 정부 당시, 반미감정이 촉발되었던 몇 가지 사건을 기억한다.

노 대통령 역시도 반미적 입장을 계속 보여 왔던 사람이었다.

광우병 괴담은 국민들에게 확산되었고 근거 없는 낭설이 돌았다.

그리고 급기야 촛불시위라는 희대의 망극이 펼쳐졌다.

상식적으로 미국산 쇠고기를 먹고 치사율이 얼마나 될까?

0.0001% 미만이라고 나는 생각한다.

사실상 쇠고기와 상관관계가 낮은 희귀질병을 놓고 미국산 쇠고기가 역학적 원인이라고 생각해서 그것이 대규모 시위로 이어진 것은 망극 아닌 망극이다.

우리는 대중은 얼마나 무지할 수 있으며, 비이성적 집단행위를 하는지를 상기해야 한다.

다수의 시류를 만들고 부당한 목적을 관철시키겠다는 집단시도가 한국에서 여러 번 포착되었다.

예컨대 A라는 무언가를 이루기 위해 다수가 일시적으로 영합하고, A를 거부하는 사람들을 배척함으로써 추한 집단서클을 형성하는 에너지가 발견된다.

136. 세월호와 우크라이나 전쟁

세월호는 하나의 해상사고였다. 운전과실로 나타난 해상사고로 청소년들이 많이 사망했다.

그러나 그것을 정부와 연계시키는 것은 비이성적, 선동적 정치집단 행위라고 나는 생각한다.

상식적으로 해경은 구조를 시도했고, 이 과정에서 하자가 있으면 책임자들을 징계하거나 부작위적 범죄가 있었으면(거의 희박한 확률이지만) 법대로 처벌하면 되는 것이다.

그런데 무지한 박근혜 대통령은 해경을 해체하라는 지시를 내린다.

이런 무지몽매한 처사가 어디 있는가?

절도범을 못 잡았다고 경찰을 해체시키는 무지한 일이 어디에 있는가?

그리고 두 번째로, 국민들은 박근혜 대통령에게 책임을 돌렸다.

박근혜의 무능과 무지가 하나의 사실인 것은 인정해야겠지만, 대통령이 직접 해상사고에서 대통령의 능력으로 지휘권을 행사하기는 현실적으로 어렵다.

대통령의 권한은 관계 전문관에게 지시를 내리는 정도일 것이다.

그런데 박근혜 대통령에게 세월호 해상사고의 책임을 뒤집어씌우려 한 것은 무지하고 편협한 대중들의 추한 행위라고 나는 생각한다.

헌법재판소 역시도 세월호 사건은 탄핵사유가 될 수 없다는 의견이었고 이들도 일반적 상식은 가지고 있었던 듯하다.

그리고 2024년 지금 나는 대한민국 사회에서 우크라이나 전쟁을 바라본다.

러시아가 불법적인 침공으로 우크라이나를 병합시도 하는데도, 대한민국 국민 중 반전시위를 하는 이를 단 한 명도 보지 못했다. (어떤 뉴스에도 못 봤다….)

집 앞 미군기지에서 미군 물러가라고 시위하는 사람들은 봤지만(나는 평택에 거주한다), 우크라이나 전쟁에서 러시아 규탄은 못 봤다는 것이다.

그것은 대한민국의 시위적 주장이 얼마나 편협하고 옹졸한 망동인지를 입증한다.

이들이 내세우는 심판론은 천한 이전투구의 가치들일 뿐이다.

정의적 관점에서 나는 내 저서에 푸틴의 행위는 분명 불법적 병합시도라고 규탄한다.

(이웅 2024 0302)

마지막으로 말하고 싶다. 한국 정치인들이 내세우는 정의론도 이들의 행위에 비추어, 심각한 위선적 망동임을 나는 말하고 싶다.

그저 이전투구(명분 없이 싸우는 짐승들)의 잔치일 뿐이다.

137. 오바마와 바이든, 트럼프

사실 내가 우크라이나 전쟁이 나고 언론을 찾아보니, 푸틴의 우크라이나 침공 시도가 몇 년 전에 있었다. 오바마 집권기였는데, 오바마는 푸틴에게 강수를 두어서, 푸틴의 시도를 막았다.

반면 전쟁이 발생했는데도 바이든은 이도 저도 아닌 어정쩡한 태도를 취하고 있다.

러시아와 전면전을 두려워하면서도, 중재를 시도하거나, 강경적 지원을 하는 것도 아닌 미온적 대처라고 평하고 싶다.

나는 오바마에 높은 점수를 주고 싶다. 그는 확실한 언동으로 푸틴의 침공의도를 막아 냈다.
지금(2024 0302) 미국 대선이 눈앞에 다가왔다. 트럼프는 나토동맹국을 두고, 방위비를 내야 한다며, 압박하고 있다.

전형적인 상인의 이야기가 아닌가? 미국의 국제적 경찰 역할을 망각한 언동이 아닐 수 없다.

그리고 러시아가 하는 행위를 부추긴다니 이런 경거망동이 어디 있는가? 미국인들이 트럼프를 뽑는다면, 이들은 그 '비용'을 내야 할 것이다.

(2024 0302 이웅)

138. 일본국 평화헌법 연구(2024 이웅)

일본국의 헌법은 패전 시 미국에 영향하에 제정되었다.

국가의 교전권 자체를 인정하지 않고 있다.

일본국은 자위대라는 군대를 운영 중이다.

그러나 현실적으로 국가의 기본주권을 박탈하는 조항이라고 생각한다.

또한 현실적으로도 부합하지 않은 측면이 있다.

국가의 정당방위적 교전권은 국가주권범위의 권리이고 이는 일본국도 당연히 선험적 권리상 인정해야 한다.

과거 일본은 조선을 병합했고 중국을 침략했다.

평화헌법 관련하여 현행 한국 헌법이 참고가 될 만하다(2024).

대한민국은 헌법에 침략적 전쟁을 부인한다고 규정되어 있다.

밑에는 참고자료로 일본헌법 원문을 남겨 본다.

Promulgated on November 3, 1946
Came into effect on May 3, 1947

We, the Japanese people, acting through our duly elected representatives in the National Diet, determined that we shall secure for ourselves and our posterity the fruits of peaceful cooperation with all nations and the blessings of liberty throughout this land, and resolved that never again shall we be visited with the horrors of war through the action of government, do proclaim that sovereign power resides with the people and do firmly establish this Constitution. Government is a sacred trust of the people, the authority for which is derived from the people, the powers of which are exercised by the representatives of the people, and the benefits of which are enjoyed by the people. This is a universal principle of mankind upon which this Constitution is founded. We reject and revoke all constitutions, laws, ordinances, and rescripts in conflict herewith.

We, the Japanese people, desire peace for all time and are deeply conscious of the high ideals controlling human relationship, and we have determined to preserve our security and existence, trusting in the justice and faith of the peace-loving peoples of the world. We desire to occupy an honored place in an international society striving for the preservation of peace, and the banishment of tyranny and slavery, oppression and intolerance for all time from the earth. We recognize that all peoples of the world have the right to live in peace, free from fear and want.

We believe that no nation is responsible to itself alone, but that laws of political morality are universal; and that obedience to such laws is incumbent upon all nations who would sustain their own sovereignty and justify their sovereign relationship with other nations.

We, the Japanese people, pledge our national honor to accomplish these high ideals and purposes with all our resources.

Article 9. Aspiring sincerely to an international peace based on justice and order, the Japanese people forever renounce war as a sovereign right of the nation and the threat or use of force as means of settling international disputes.

In order to accomplish the aim of the preceding paragraph, land, sea, and air forces, as well as other war potential, will never be maintained. The right of belligerency of the state will not be recognized.

139. 强手와 退手

프랑스의 마크롱 대통령이 우크라이나에 파병시도를 언급했다. 푸틴은 전면전이라는 강수를 두었고 나토국가는 퇴수(물러날 퇴, 손 수)를 두었다.

나는 이렇게 생각한다. 전쟁 초기에 각국이 강력대응을 했다면, 러시아는 물러날 것이었다.

그러나 미온한 대처, 강 건너 불구경은 계속되고 있다.

불이 붙었는데, 초기에 진화하지 않는다면 더더욱 번지지 않을까 싶다.

나토는 우크라이나가 패배하면 러시아와 국경을 마주해야 할 것이다.

아프리카 정상들의 중재노력에 점수를 주고 싶다. 아프리카 정상들이 중재시도를 했는데 아주 가치 높은 행위였다고 보인다.

세계질서가 대립으로 갈수록 제3국 아프리카의 역할이 중대해진다고 나는 말하고 싶다.

(이웅 2024 0302)

140. 소급효금지원칙

실정법상 소급효금지원칙이 채택되었다. 자세한 설명은 생략한다.

그러나 나는 이러한 법률을 반대한다.

물론 현세에서는 법적 안정적 측면에서 일리 있는 이론이라고 생각하지만,

적어도 절대적 정의의 관점에서 좋은 제도는 아니다.

하늘께 기도한 나의 이론을 이곳에 남긴다.

(2024 0302)

옴

하늘에게.

1) 범죄가 시간이 지났다고 면죄될 수 없다. (형법 제1명제)

2) 범죄는 모두 형법적 청산을 이루어야 한다. (형법 제2명제)

웅 올림 2024.

첨언: 지금 지구적 종교는 심판론적 망령에 휩싸여 있다. 유대즘에서 파생된 사이비가 이런 행태를 보이는데 지극히 잘못된 망령이다.

노자는 《도덕경》에 하늘의 심판에 대해 논했다.

나는 모른다고 말을 하고 싶다.

그러나 나는 가시적 기적적 심판은 우리가 보기 어렵다고 밝히고 싶다(이웅 2024).

141. 임경업 장군

나의 모계의 직계 조상으로 알려졌다. 평택 임씨.

직접적 대면은 안했지만, 이분에 관한 기록을 사서와 실록에서 조금 찾았다.

어린 시절부터 장군의 기상이 있었고,

나라가 항복하자, 비분강개했던 충신이라고 평한다(나의 조상여부를 떠나서).

그리고 청 태종의 회유를 거절하고 끝까지 항전한 훌륭한 장군이기도 하다.

이분이 참소를 당해 억울하게 형을 받아야 했는데,

나는 이곳에 그의 무죄함을 남기고 가고 싶다.

(OM 전능하신 신의 이름을 의지하여 이웅. 2024 0302)

142. 법의 대수의 법칙

1) 위법자가 10의 7할을 넘어가면 그 법은 더 이상 법이 아니다. (강행할 수 있으나 현세에서는 힘든 일이다.) 북한과 K-POP 사례. 북한에서 K-POP을 보면 처벌하는데, 북한 주민 다수가 K-POP을 보면, 북한형법은 난처한 지경에 처한다. 대수의 법칙은 실정법이 제정되었지만, 위반자가 적용자의 10의 7할을 넘어가면 법이 사실상 무효화 된다는 rule이다.

2) 양심의 법정에는 문턱이 없다.

안에서는 부정당한 마음 생각으로 겉으로만 선한 것은 위선이다.

143. 조선 태조 이성계에 관하여

그에 관한 기이한 흔적이 역사서에 남아있다. 찬양적 각색 외에도 그가 꾸었던 꿈은 흥미롭다.

나무 세 개를 나란히 지고 가는 꿈이었는데, 이를 임금, 왕자로 해석했다고 한다.

이성계의 정통성에 대해서 논란이 있을 수 있다.

적어도 기존 왕조를 뒤엎고, 쿠데타를 통한 집권이었기에 그에게 정당성을 부여할 수 있을지는 연구 대상이다.

나는 혁명에 대해 이렇게 생각한다.

구 레짐의 부당이 수인한도를 넘어설 것.

새로운 레짐이 구시대의 모순보다 진보되었을 것.

혁명으로 인한 피해가 혁명으로 인한 이익보다 적을 것.

이 세 가지 요건을 제시해 보고 싶다.

(2024 0302 이웅)

144. 인천에 무궁화 회담소 설치안

딱딱한 판문점(군사분계선)이 아닌,
한반도 인천에 무궁화 회담소 설치.

남북의 대화창구로 이용.

입구에 평화의 상징 비둘기 설치.

이웅 2024.

145. 마르크스에 관한 평(이웅 2024)

노동당을 좋게 안 보는 게 반지주적 모습은 남의 것에 대한 욕심이라고 보입니다.

정당임금에 노력해야지… 아예 생산수단을 빼앗겠다는 것은 아니라고 봅니다.

146. CNN에서 취재한 북한 실태를 보았다(2024 0306).

나는 회의가 많다.

타락한 남한 문화나 미개발된 순박한 북한 문화나…

여기서 정권을 얻겠답시고 이전투구 하는 복수정당제나,

주민들을 통치하는 노동당이나 양비론에 가까운 의견을 제시해 본다.

한국 사회의 시끄러움, 오염됨과 다른 순박한 북한을 보았다.

반면 자유로운 한국 사회와는 다른 통제상태를 보았다.

무엇이 대안일까? 통일은 어떤 방식으로 해야 할까?

둘 다 좋아 보이지 않는다.

김정은 북한 리더가 한반도 2국가론을 제시했다.

즉 남한과 북한의 통일 당위를 일축한 주장이다.

나는 타락하고 선정적인 남한 문화 속에서, 일견 순박한 북한 주민들이 타락하지나 않을지 걱정되기도 한다.

사회적 오염은 항시 퍼지기 때문이다.

그러나 노동당의 세뇌적 일당독재 역시도 찬동하지 않는다.

해법은 없는 것일까?

통일은 후대의 몫이 되기를 기도해 본다.

마지막으로 순박한 조선인민은 노동당의 부당한 지배에 그저 순종하는 착한 백성들이라는 것을 알았다.

남한과 대조된다.

북한군의 체격이 말라 있었다. 이만큼 이들은 기본적인 식의 욕구마저 충족되지 못했던 것이다.

노동당이라는 미명하에 경제를 원시경제로 되돌린 노동당 리더들은 심히 반성을 요해야 한다.

유토피아에 빠져서 결국 원시경제로 회귀하여 많은 아사자를 낸 것이 중국 북한이 아니던가?

경제의 기본이 안 되어 있는 채로, 사소유권 부정 후 유토피아는 망상적 왜곡된 길이었다고 나는 평한다.

(이웅 2024 0306)

147. d

ss dedt dtsR? sge qge ttse. wrr ttse. sgsed efd rtd wdr vrg ddse. dwee xfg cf cdg gdad gr dw dtsR? d azsw tdt gf rd crtse. d… we dad rrf…… wa wd da d rrf… ws d wrd drRd? afrtse. dwr srrw… rsd Qf dr… d efd swt Edt tsrd ttse.

dd df. 2024 0306.

148. OM - 낙태죄 연구(이웅 2024 0307)

낙태죄는 성문화와 밀접한 관련을 가지고 있다.

일단 제도권적 결혼생활에서는 낙태가 흔하지 않을 것이다(아주 특수한 경우를 제외하고는).

낙태는 주로 성행위 목적의 성교에서 임신하게 된 경우거나,

아이를 양육하기로 결행했는데, 시간이 지나고 파탄이 난 경우에 발생할 것이다.

우리는 아이를 양육하기 위해, 많은 비용과 정성을 기울여야 한다.

낙태는 형법전상 죄로 규정되었고, 특수한 경우를 제외하고는 위법으로 다루어졌었다.

그러나 헌법재판소의 헌법불합치 결정 이후 사실상 낙태죄는 사문화되었고, 합법적 낙태시술이 행해지는 것 같다.

나는 이런 해법을 제시해 본다.

낙태를 금지하되, 원치 않게 아이를 출산해야 하는 사람을 위한 국가보육시설이나 입양제도의 개선을 주장해 본다.

국가보육시설의 확충으로 아이가 성인이 되고 자립할 때까지 국가에서 양육해 주는 시스템을 도입할 필요가 있다고 본다.

그러면 원치 않게 임신한 경우에도 출산하고, 국가보육시설을 통해 맡기면 되기 때문이다.

또한 '입양'시스템의 정비가 필요하다.

불임부부거나 홀로 사는 사람의 경우, 입양시스템의 자연스러움과 체계적 정비를 통해 낙태문제를 해결할 수 있다고 본다.

우리 사회에서 입양이나 혹은 (국가보육시설이 설립된다면) 위탁성장을 자연스럽고 평범하게 받아들여야 하는 것이 아닐까 싶다.

이상사회가 아닌 한 가정 내부에서 문제는 항상 발생하며, 법은 이런 본질적 테마 속에서 움직여야 한다고 본다.

무조건적 윤리관을 들이밀 만큼 우리 사회는 이상적이지 않다고 말하고 싶다.

(이웅 씀 2024 0306)

이하에서는 다소 지저분하지만 '역사적 의미상' 헌법재판소의 최신 결정을 남겨 본다.

나는 이렇게 생각한다. '자녀'를 부모의 '소유물' 혹은 '객체화'하고 있지 않은지….

그런 저급한 인식이 반영된 헌법재판소 결정이 아닌가 남기고 가고 싶다.

'살인죄'는 처벌되면서, '낙태죄'는 처벌이 안 되는가?

아직 자궁 속 생명체는 살해해도 되는가 묻고 싶다(이웅 2024 0306).

형법 제269조 제1항 등 위헌소원

[2019. 4. 11. 2017헌바127]

【판시사항】

가. 임신한 여성의 자기낙태를 처벌하는 형법(1995. 12. 29. 법률 제5057호로 개정된 것) 제269조 제1항(이하 '자기낙태죄 조항'이라 한다)과, 의사가 임신한 여성의 촉탁 또는 승낙을 받아 낙태하게 한 경우를 처벌하는 같은 법 제270조 제1항 중 '의사'에 관한 부분(이하 '의사낙태죄 조항'이라 한다)이 각각 임신한 여성의 자기결정권을 침해하는지 여부(적극)

나. 단순위헌의견이 3인, 헌법불합치의견이 4인인 경우 주문의 표시 및 종전결정의 변경

【결정요지】

가. 재판관 유남석, 재판관 서기석, 재판관 이선애, 재판관 이영진의 헌법불합치의견

자기낙태죄 조항은 모자보건법이 정한 예외를 제외하고는 임신기간 전체를 통틀어 모든 낙태를 전면적·일률적으로 금지하고, 이를 위반할 경우 형벌을 부과함으로써 임신의 유지·출산을 강제하고 있으므로, 임신한 여성의 자기결정권을 제한한다.

자기낙태죄 조항은 태아의 생명을 보호하기 위한 것으로서, 정당한 입법목적을 달성하기 위한 적합한 수단이다.

임신·출산·육아는 여성의 삶에 근본적이고 결정적인 영향을 미칠 수 있는 중요한 문제이므로, 임신한 여성이 임신을 유지 또는 종결할 것인지 여부를 결정하는 것은 스스로 선택한 인생관·사회관을 바탕으로 자신이 처한 신체적·심리적·사회적·경제적 상황에 대한 깊은 고민을 한 결과를 반영하는 전인적(全人的) 결정이다.

현 시점에서 최선의 의료기술과 의료 인력이 뒷받침될 경우 태아는 임신 22주 내외부터 독자적인 생존이 가능하다고 한다. 한편 자기결정권이 보장되려면 임신한 여성이 임신 유지와 출산 여부에 관하여 전인적 결정을 하고 그 결정을 실행함에 있어서 충분한 시간이 확보되어야 한다. 이러한 점들을 고려하면, 태아가 모체를 떠난 상태에서 독자적으로 생존할 수 있는 시점인 임신 22주 내외에 도달하기 전이면서 동시에 임신 유지와 출산 여부에 관한 자기결정권을 행사하기에 충분한 시간이 보장되는 시기(이하 착상 시부터 이 시기까지를 '결정가능기간'이라 한다)까지의 낙태에 대해서는 국가가 생명보호의 수단 및 정도를 달리 정할 수 있다고 봄이 타당하다.

낙태갈등 상황에서 형벌의 위하가 임신종결 여부 결정에 미치는 영향이 제한적이라는 사정과 실제로 형사처벌되는 사례도 매우 드물다는 현실에 비추어 보면, 자기낙태죄 조항이 낙태갈등 상황에서 태아의 생명 보호를 실효적으로 하지 못하고 있다고 볼 수 있다.

낙태갈등 상황에 처한 여성은 형벌의 위하로 말미암아 임신의 유지 여부와 관련하여 필요한 사회적 소통을 하지 못하고, 정신적 지지와 충분한 정보를 제공받지 못한 상태에서 안전하지 않은 방법으로 낙태를 실행하게 된다.

모자보건법상의 정당화사유에는 다양하고 광범위한 사회적·경제적 사유에 의한 낙태갈등 상황이 전혀 포섭되지 않는다. 예컨대, 학업이나 직장생활 등 사회활동에 지장이 있을 것에 대한 우려, 소득이 충분하지 않거나 불안정한 경우, 자녀가 이미 있어서 더 이상의 자녀를 감당할 여력이 되지 않는 경우, 상대 남성과 교제를 지속할 생각이 없거나 결혼 계획이 없는 경우, 혼인이 사실상 파탄에 이른 상태에서 배우자의 아이를 임신했음을 알게 된 경우, 결혼하지 않은 미성년자가 원치 않은 임신을 한 경우 등이 이에 해당할 수 있다.

자기낙태죄 조항은 모자보건법에서 정한 사유에 해당하지 않는다면 결정가능기간 중에 다양하고 광범위한 사회적·경제적 사유를 이유로 낙태갈등 상황을 겪고 있는 경우까지도 예외 없이 전면적·일률적으로 임신의 유지 및 출산을 강제하고, 이를 위반한 경우 형사처벌하고 있다.

따라서, 자기낙태죄 조항은 입법목적을 달성하기 위하여 필요한 최소한의 정도를 넘어 임신한 여성의 자기결정권을 제한하고 있어 침해의 최소성을 갖추지 못하였고, 태아의 생명 보호라는 공익에 대하여만 일방적이고 절대적인 우위를 부여함으로써 법익균형성의 원칙도 위반하였으므로, 과잉금지원칙을 위반하여 임신한 여성의 자기결정권을 침해한다.

자기낙태죄 조항과 동일한 목표를 실현하기 위하여 임신한 여성의 촉탁 또는 승낙을 받아 낙태하게 한 의사를 처벌하는 의사낙태죄 조항도 같은 이유에서 위헌이라고 보아야 한다.

자기낙태죄 조항과 의사낙태죄 조항에 대하여 각각 단순위헌결정을 할 경우, 임신 기간 전체에 걸쳐 행해진 모든 낙태를 처벌할 수 없게 됨으로써 용인하기 어려운 법적 공백이 생기게 된다. 더욱이 입법자는 결정가능기간을 어떻게 정하고 결정가능기간의 종기를 언제까지로 할 것인지, 결정가능기간 중 일정한 시기까지는 사회적·경제적 사유에 대한 확인을 요구하지 않을 것인지 여부까지를 포함하여 결정가능기간과 사회적·경제적 사유를 구체적으로 어떻게 조합할 것인지, 상담요건이나 숙려기간 등과 같은 일정한 절차적 요건을 추가할 것인지 여부 등에 관하여 앞서 헌법재판소가 설시한 한계 내에서 입법재량을 가진다.

따라서 자기낙태죄 조항과 의사낙태죄 조항에 대하여 단순위헌결정을 하는 대신 각각 헌법불합치 결정을 선고하되, 다만 입법자의 개선입법이 이루어질 때까지 계속적용을 명함이 타당하다.

나. 재판관 이석태, 재판관 이은애, 재판관 김기영의 단순위헌의견

헌법불합치의견이 지적하는 기간과 상황에서의 낙태까지도 전면적·일률적으로 금지하고, 이를 위반한 경우 형사처벌하는 것은 임신한 여성의 자기결정권을 침해한다는 점에 대하여 헌법불합치의견과 견해를 같이한다. 다만 여기에서 더 나아가 이른바 '임신 제1삼분기(first trimester, 대략 마지막 생리기간의 첫날부터 14주 무렵까지)'에는 어떠한 사유를 요구함이 없이 임신한 여성이 자신의 숙고와 판단 아래 낙태할 수 있도록 하여야 한다는 점, 자기낙태죄 조항 및 의사낙태죄 조항(이하 '심판대상조항들'이라 한다)에 대하여 단순위헌결정을 하여야 한다는 점에서 헌법불합치의견과 견해를 달리 한다.

임신한 여성이 임신의 유지 또는 종결에 관하여 한 전인격적인 결정은 그 자체가 자기결정권의 행사로서 원칙적으로 보장되어야 한다. 다만 이러한 자기결정권도 태아의 성장 정도, 임신 제1삼분기를 경과하여 이루어지는 낙태로 인한 임신한 여성의 생명·건강의 위험성 증가 등을 이유로 제한될 수 있다.

한편, 임신한 여성의 안전성이 보장되는 기간 내의 낙태를 허용할지 여부와 특정한 사유에 따른 낙태를 허용할지 여부의 문제가 결합한다면, 결과적으로 국가가 낙태를 불가피한 경우에만 예외적으로 허용하여 주는 것이 되어 임신한 여성의 자기결정권을 사실상 박탈하게 될 수 있다.

그러므로 태아가 덜 발달하고, 안전한 낙태 수술이 가능하며, 여성이 낙태 여부를 숙고하여 결정하기에 필요한 기간인 임신 제1삼분기에는 임신한 여성의 자기결정권을 최대한 존중하여 그가 자신의 존엄성과 자율성에 터 잡아 형성한 인생관·사회관을 바탕으로 자신이 처한 상황에 대하여 숙고한 뒤 낙태 여부를 스스로 결정할 수 있도록 하여야 한다.

심판대상조항들은 임신 제1삼분기에 이루어지는 안전한 낙태조차 일률적·전면적으로 금지함으로써, 과잉금지원칙을 위반하여 임신한 여성의 자기결정권을 침해한다.

자유권을 제한하는 법률에 대하여, 기본권의 제한 그 자체는 합헌이나 그 제한의 정도가 지나치기 때문에 위헌인 경우에도 헌법불합치결정을 해야 한다면, 법률이 위헌인 경우에는 무효로 선언되어야 한다는 원칙과 그에 기초한 결정형식으로서 위헌결정의 존재 이유가 사라진다. 심판대상조항들이 예방하는 효과가 제한적이고, 형벌조항으로서의 기능을 제대로 하지 못하고 있으므로, 이들 조항이 폐기된다고 하더라도 극심한 법적 혼란이나 사회적 비용이 발생한다고 보기 어렵다. 반면, 헌법불합치결정을 선언하고 사후입법으로 이를 해결하는 것은 형벌규정에 대한 위헌결정의 효력이 소급하도록 한 입법자의 취지에도 반할 뿐만 아니라, 그 규율의 공백을 개인에게 부담시키는 것으로서 가혹하다. 또한 앞서 본 바와 같이 심판대상조항들 중 적어도 임신 제1삼분기에 이루어진 낙태에 대하여 처벌하는 부분은 그 위헌성이 명확하여 처벌의 범위가 불확실하다고 볼 수 없다. 심판대상조항들에 대하여 단순위헌결정을 하여야 한다.

나. 자기낙태죄 조항과 의사낙태죄 조항이 헌법에 위반된다는 단순위헌의견이 3인이고, 헌법에 합치되지 아니한다는 헌법불합치의견이 4인이므로, 단순위헌의견에 헌법불합치의견을 합산하면 법률의 위헌결정을 함에 필요한 심판정족수에 이르게 된다. 따라서 위 조항들에 대하여 헌법에 합치되지 아니한다고 선언하되, 2020. 12. 31.을 시한으로 입법자가 개선입법을 할 때까지 계속적용을 명한다.

아울러 종전에 헌법재판소가 이와 견해를 달리하여 자기낙태죄 조항과 형법(1995. 12. 29. 법률 제5057호로 개정된 것) 제270조 제1항 중 '조산사'에 관한 부분이 헌법에 위반되지 아니한다고 판시한 헌재 2012. 8. 23. 2010헌바402 결정은 이 결정과 저촉되는 범위 내에서 변경하기로 한다.

다. 재판관 조용호, 재판관 이종석의 합헌의견

태아와 출생한 사람은 생명의 연속적인 발달과정 아래 놓여 있다고 볼 수 있으므로, 인간의 존엄성의 정도나 생명 보호의 필요성과 관련하여 태아와 출생한 사람 사이에 근본적인 차이가 있다고 보기 어렵다. 따라서 태아 역시 헌법상 생명권의 주체가 된다.

태아의 생명권 보호라는 입법목적은 매우 중대하고, 낙태를 원칙적으로 금지하고 이를 위반할 경우 형사처벌하는 것 외에 임신한 여성의 자기결정권을 보다 덜 제한하면서 태아의 생명 보호라는 공익을 동등하게 효과적으로 보호할 수 있는 다른 수단이 있다고 보기 어렵다.

태아의 생명권을 보호하고자 하는 공익의 중요성은 태아의 성장 상태에 따라 달라진다고 볼 수 없으며, 임신 중의 특정한 기간 동안에는 임신한 여성의 인격권이나 자기결정권이 우선하고 그 이후에는 태아의 생명권이 우선한다고 할 수도 없다.

다수의견이 설시한 '사회적·경제적 사유'는 그 개념과 범위가 매우 모호하고 그 사유의 충족 여부를 객관적으로 확인하기도 어렵다. 사회적·경제적 사유에 따른 낙태를 허용할 경우 현실적으로 낙태의 전면 허용과 동일한 결과를 초래하여 일반적인 생명경시 풍조를 유발할 우려가 있다.

이처럼 자기낙태죄 조항으로 인하여 임신한 여성의 자기결정권이 어느 정도 제한되는 것은 사실이나, 그 제한의 정도가 자기낙태죄 조항을 통하여 달성하려는 태아의 생명권 보호라는 중대한 공익에 비하여 결코 크다고 볼 수 없으므로, 자기낙태죄 조항은 법익균

형성 원칙에도 반하지 아니한다.

의사낙태죄 조항은 그 법정형의 상한 자체가 높지 않을 뿐만 아니라, 선고유예 또는 집행유예 선고의 길이 열려 있으므로, 책임과 형벌 간의 비례원칙에 위배되지 아니한다. 태아의 생명을 보호해야 하는 업무에 종사하는 자가 태아의 생명을 박탈하는 시술을 한다는 점에서 비난가능성 또한 크므로, 의사낙태죄 조항에 대하여 동의낙태죄(제269조 제2항)와 달리 벌금형을 규정하지 아니한 것이 형벌체계상의 균형에 반하여 헌법상 평등원칙에 위배된다고도 할 수 없다.

따라서 자기낙태죄 조항 및 의사낙태죄 조항은 모두 헌법에 위반되지 아니한다.

낙태 관련 자료 - 2(형법전) - 헌법불합치

제269조(낙태) ① 부녀가 약물 기타 방법으로 낙태한 때에는 1년 이하의 징역 또는 200만원 이하의 벌금에 처한다. 〈개정 1995. 12. 29.〉

② 부녀의 촉탁 또는 승낙을 받어 낙태하게 한 자도 제1항의 형과 같다. 〈개정 1995. 12. 29.〉

③ 제2항의 죄를 범하여 부녀를 상해에 이르게 한 때에는 3년 이하의 징역에 처한다. 사망에 이르게 한때에는 7년 이하의 징역에 처한다. 〈개정 1995. 12. 29.〉

[헌법불합치, 2017헌바127, 2019. 4. 11. 형법(1995. 12. 29. 법률 제5057호로 개정된 것) 제269조 제1항, 제270조 제1항 중 '의사'에 관한 부분은 모두 헌법에 합치되지 아니한다. 위 조항들은 2020. 12. 31.을 시한으로 입법자가 개정할 때까지 계속 적용된다]

149. 판례와 사상 그리고 사견

마치 판례를 절대적 진리인 양 인식하는 법조인들의 세태가 눈에 보인다. 물론 판례는 공식적 합의문서이기에 누구나 마음에 들지 않는다고, 부정하는 것은 질서에 관련하여 심각한 아노미적 우려가 없지 않으나, 판례를 마치 절대적 진리인 양 신봉하는 세태는 바람직하지 않다.

이성적 비판이나 법리적 흠결 판별은 반드시 필요하기 때문이다. 또한 판례를 형성시킨 사상에 대한 반론이나 조문에 내재된 정신에 대한 비판 역시 충분히 심도 있는 하나의 지적 작용이라고 생각한다.

낮은 단계의 인식을 가진 사람일수록 권위만을 맹신하며, 권위를 무조건적으로 추종한다.

예컨대 법률조문만을 앞세운, 무조건적 논리는 낮은 차원의 인식이다. 법조문에 내재된 정신을 나아가 심오한 조문이라면 사상을 이해하는 것이 진정한 법인식의 출발이라고 나는 생각한다.

2024 0307 이웅.

150. 학교폭력과 형법

소년법은 형사미성년자나 미성년자의 형사범을 다루고 있다. 그러나 '나이'가 어리다고, 선처하는 것은 법적 평등성에 어긋나며, 학교 내에서 어린 나이에 행해지는 범죄는 피해자에게 막대한 피해를 끼친다.

그렇기에, 나는 소년범에 있어서도 일반 형사사범과 동일한 법적 처벌을 해야 한다고 주장한다.

또한 학교에 경찰관과 지방공무원 한 명을 상주시켜서, 학교 내 인권침해나 범죄에 대해서 즉각 법적 대응이 이루어져야 할 것이다.

청소년들은 법에 대해 무지한 편이며, 사법절차의 이용을 꺼리는 경향이 있다.

경찰과 공무원이 선생의 역할을 해야 한다. 또한 선생에 의한 학생 인권침해, 학생의 선생에 대한 범죄 등도 규율 대상이다.

d

regrE wevfd egtse. trg ade egtse. ws dwe dvdf sddtse. Eg ed Qrre gtse. df qwgdf rz wtgw atr, rtes qwd eg gfd rtd dfd wttd.

dftwd dvd dwe rted gsd rtgds, gsdt wwg tqrd gtgd wttd. Edfre td dad rdtd gsR wd ref dfds qe wd ddgr dvd vdwtt.

dd df. 2024 0308.

151. 페레스트로이카(북한의 경제발전 구상론 2024 0309 이웅)

북한의 체제의 특수성을 최대한 배려하면서 경제발전 구상을 기획해 보았다.

북한 내 공기업 창설 후 무역론이다.

뛰어난 경제학자 아담 스미스는 교역의 이득에 관하여 설파한 바 있다.

북한은 국내시장에 국한되어 경제가 발전하지 못하고 있다.

북한은 국가에서 운영하는 공기업 형식으로 회사제도를 도입할 필요가 있다.

즉 국가에 예속된 회사 형식으로 북한의 상품을 해외시장에 개척하는 경제전략이다.

북한은 경제특구를 지정하여, 국내산업을 개발한 후, 해외시장을 개척하여 외자(外資)를 국내로 유입시켜야 할 것이다.

이 방법이 성공하면 북한의 경제력은 증대되게 된다.

나는 남한에 살며, 탐욕에 물든 인간상을 보았기에, 순박한 북한 사람들이 타락하는 것을 보고 싶지 않다. 그렇기에 북한의 체제를 최대한 존중 유지하면서 경제발전안을 구상해 보았다.

2024 0309 이웅 씀.

152. 정의당 심상정에게 남긴 글

심 의원님, 무분별한 정권심판론은 지양할 필요가 있습니다. '대의명분'이 갖춰지지 않은 채로 정권을 탄핵하기만 하는 전략으로는 한계를 가집니다(웅 2024 0309).

153. 변증법(실패, 패배의 의미)

인간은 삶에서 항상 대로를 걷는 것은 아니다. 만약 실패 한 번 안 해 본 인간이 있다면 그(그녀)는 분명 기고만장할 것 같다.

우리 인간은 실패, 패배를 통해 자신을 점검하고, 더욱더 발전하는 것이다.

우리 세상에 처음부터 완벽한 존재는 없다. 각고의 점검과 시행착오 끝에 우리 인간은 점점 진보하는 것이다.

(이웅 2024 0309)

154. 김일성 주석의 공과 실에 관하여(이웅 2024)

고 김일성 주석이 항일투쟁을 한 것은 애국지사의 행위라고 볼 수 있다.

그러나 그는, 일당독재 정치형법을 통해 자유와 권리를 억압했고,

결정적으로 경제에 있어서 무지했다.

그의 군사학적 재능에 대해서는 논외로 한다.

또한 그는, 전쟁을 일으켜 많은 고아와 과부를 양산했다. (罪라고 볼 수 있다.)

과거는 별론으로 하고,

우리는 한반도의 미래에 대해서 논의해야 한다.

영구분단국으로 남는 것은 사실상 어려운 일 아닐까?

나는 북한 정치체제의 개혁론을 주장하고 싶다.

김일성 주석은 부자승계라는 일종의 전근대적 승계를 했다.

북한은 의원내각제적 요소로 노동당 내부에서 수상을 선출해야 했다.

북한 사람들이 고 김성주의 업적에 대해 그토록 아낀다면 남한의 입장에서는 최대한 존중을 하겠지만,

김씨세습에서 벗어나서, 복수정당제와 민주선거제, 그리고 최소한

의원내각제적 요소를 갖추어야만, 정상국가로서의 첫발을 내디딜 수 있을 것이다.

그러면 우리는 몇 가지 시나리오를 그려 볼 수 있다. 북한 내부의 유혈혁명, 외부의 세력개입, 혹은 북한의 자생적 변화이다.

세 번째의 선택이 가장 온건할 것이라고 본다. 김씨세습은 일종의 일본이나 영국처럼 상징적 의미만을 가진 채로, 정치실무는 선거에 맡겨야 할 것이라고 나는 생각한다.

이웅 2024 0309.

155. 21c 민주주의에 관하여(2024 이웅)

푸틴이 정당한 선거인지는 모르겠지만, 당선되었다.

가정해서 국민 70%가 우크라이나 병합에 찬동한다고 가정하자.

일제시대 때 일본 국민 다수가 한일합병에 찬동했다고 가정하자.

그러면 이 결정은 '다수결적 정당성'을 얻는가?

우리는 가치상대주의적 민주주의라는 명목의 다수제에 회의를 품어야 한다.

156. 원시국가의 기원

‘폭력의 권력화’

(뭐, 사회계약론자들은 일종의 후기해석이고 나는 원시국가는 폭력이었다고 본다. 그 잔재는 지금도 남아 있다.

군대 - 경찰제도는 폭력의 제도화.)

이웅 2024 0402.

아무튼 나는 정치제도론에서

민주주의 정확히 말하면 ‘선거제’에는 부정적.

플라톤과 유사한 생각을 가지고 있다(철인정치론).

웅 2024 0402.

157. 조비와 조식(2024 이웅)

조조가 늙어서, 후사를 정하려 할 때였다. 조조에게는 두 아들이 있었다.

조조는 두 아들을 시험하는데, 성안으로 부른 후에 황명으로 막게 했다.

조식은 조조를 보러 갔다가 막혀서 그냥 돌아온다.

가후는 조비를 보필했는데, 가후는 조비에게 황명을 받고 가는데 막을 수 없다며 강행돌파 하라고 한다.

조비는 그렇게 했고, 조조는 조비를 선택한다.

뭐… 21c 한국으로 돌아와 보면, 북한 김여정의 실각이 안타깝다.

김여정의 섬세함과 재능은 상당했는데, 김주애는 일종의 딸의 위치에서 김정은과 동행하고 있다.

토사구팽. 항상 따라다니는 씁쓸한 용어….

이웅 2024 0410.

158. 형법의 칼(2024 이웅)

조국 교수가 국회에 가면 한동훈 특검법을 발의한다고 공언하고 있다.

이 자는 형법을 모르는 자이다. 형법이란 범죄에 대한 법의 준엄한 심판이며, 악행에 대한 제재이다.

저급한 영역의 법비들은, 법을 마치 칼날처럼 휘두른다.

노무현도, 김건희도, 한동훈도 죽이려는가?

그리고 법적으로 특검이란, 기존 검찰의 수사권이 어려울 때 발의하는 것이지 국회에 수사권을 준 게 아니다.

이웅 남김 2024 0410.

159. 인격저작권

AI 시대 가수의 목소리를 사용하여 노래를 제작한 경우, 현행법규상 저작권법상의 미비가 보인다.

인격저작권 신설이 필요하다.

AI 시대와 저작권법.

가수 A의 목소리로 AI를 사용해서 노래를 만든 경우가 흔히 보인다.

이 경우 가수 A는 원치 않을 수도 있다.

현행 저작권법은 이에 대해 답하지 못하고 있다.

저작인격권을 신설할 필요가 보인다.

즉 인격권 - 자신의 얼굴, 목소리 등등을 인격권자 스스로가 제어할 수 있는 권리이다.

(그런데 대한민국에 법을 하는 이는 나밖에 없는 것 같다. 누구도 이 문제에 대해 이야기하지 않는다….)

웅 2024 0518.

160. H 엔터테인먼트 횡령 사건

국민가수 이승기 씨 관련 횡령 사건이 문제되었다.

18년 동안, 정산금을 지급하지 않는 범죄자들이 적발되었다.

형법상 이런 경우 '업무상 횡령죄'가 성립한다.

남의 돈을 보관하면서 반환을 거부한 경우.

이런 일이 비단 이승기 씨뿐이랴….

또한 연예인 장기계약 문제도 말하고 싶다.

계약 시에 '사정변경에 의한 해지권'을 신설해야 한다(필수약관조항에).

즉, 연예계약을 하는 도중 사정 변경이 생기면 회사와 계약을 해지할 수 있는 '권리'를 부여해야 한다.

답답하다. 어둡다.

(개인적으로 연예인들을 좋아해서 이쪽 관련 법률 이야기가 남았다. 사회가 있는 곳에는 법이 있다. 밑에 민법개정안 연예계약편을 만들어 보았다.)

웅 2024 0518.

161. 헌법개정과 기본권(2024 이웅)

헌법에는 기본권(쉽게 설명하면 인권) Part가 있다.

그러나 정치권에서는 ‘대통령 임기조항’ 개정만 논의하지

기본권(인권) 개정 논의는 하지 않는다.

참담한 현실… 이게 우리나라 수준이다.

기본권 연구와 보완이 필요하다.

한국 사회는 전통적으로 유학의 ‘예’를 중시했으나,

해방 이후 급격한 산업화 하극상, 쿠데타로 예의를 잃어버리고 있다.

이런 상황에서 기본권의 연구 보완이 필요하다.

162. 국가주도형 신개혁 구상(2024 이웅)

자유주의적 자본주의 후, 국가는 ‘규제’나 ‘허가’ 같은 행정영역

그리고 인위적 ‘경제정책’(ex. 물가)에 초점을 맞춰서 움직인다.

그러나 민간에서 할 수 없는 일들(공익적 일들)을 국가 주도로 시행해야 한다고 본다.

예컨대 사회복지 같은 경우는 민간에만 맡길 수 없다.

또한, 과학기술 개발, 그리고 공익적 도덕 배양은 국가주도로 이루어져야 한다고 본다.

민간의 자율적 도덕 기능은 파쇄된 지 오래다. (패륜이 난무하고 있다.)

도덕적 측면에서 국가가 반드시 관여해야 하는 게 한국 사회라고 나는 본다.

(그러나 한국 정치는 어떠한가? 이전투구라고 표현하고 싶다. 윗물이 썩으면 아랫물도 썩는다는 이치처럼….

앞으로 한국 사회는 윤리의 가치가 매우 희소해질 것이다.)

163. 대학 강의에 관하여(웅 2024)

강의를 들으며 거의 엉터리라는 것을 알았다.

강의를 듣는 것은 고문에 가까운 일이었다.

내가 지적하자 다들 민감하게 반응했다.

불쌍한 사람들이다….

진리라 믿으며 살아온 조그마한 탑을 누가 엉터리라고 지적하니

민감하게 반응하는 것이다….

그러나 받아들일 준비가 되지 않은 자는 발전할 준비도 되지 않은 자….

* 선배 플라톤은 나의 상황을 정확히 인지했다. 감옥에 갇혀 사는 죄수 중 하나가 빛을 본 후 죄수들에게 말해도 그들은 그를 미치광이

로 여긴다.

나 역시도 플라톤이 예견한 현자의 말에 걸렸던 기억이 있다.

그래서 최대한 3차원적 지구적 관념만을 이곳에 남기고 떠나지만, 궁극의 법의 극한에 대해 우리는 다각도로 사고하며 전진해야 한다.

때로는 실정법에 오류가 많을 수도 있고, 꽤 괜찮은 관념을 제시할 수 있다(기본권).

그러나 우리가 학문을 함에 있어서, 항상 고정적 기득권 관념에 얽매여서는 안 된다고 말하고 싶다.

현실적 벽이 가로막을 수 있으나, 나는 내면에 깊이 뜻을 간직하거나, 도광양회를 추천해 본다.

플라톤!! 현자여!!

내가 본 빛을 사람들은 믿지 않았소.

그대의 예견에 경의를 남길 뿐.

2024 0713 이웅.

164. Why Putin went to North Korea(2024 Lee Woong)

This is to draw North Korea into the war.

Kim Jong-un is still young, he miscalculated.

They believe that Russia is powerful, but in fact it is a paper tiger.

(They haven't captured a single Ukraine for three years.)

When Kim Jong-il died, Kim Keon-hee asked how he would entrust the country to a child.

I can feel that.

If only Jang Sung-taek were alive, …Would it have been better?

If North Korean troops are dispatched to Ukraine, the Korean Peninsula will also be drawn into the karma of war.

Xi Jinping has not yet taken action.

165. 옴

국가에서 인터넷을 규제해야 합니다.

이 망법은 표현의 자유라는 미명하에 얼마나 많은 오염물질을 여과없이 나타내는가?

국가가 언론규제 해야 합니다. 헌법이 잘못 씼어요…. 적어도 지금 수준의 언론들이라면….

* 2024 0713

166. 국가의 정당성에 관하여

후기 사회계약론자들과는 다르게 국가의 기원은 원시무력집단이다.

고려와 조선이 어떻게 건국되었는가?

그러나 기원 여부와는 관계없이, 국가는 합목적적 정의전제관념을 부여받는다.

즉, 국가의 행위가 정당하려면 '정의적 행위'여야 한다.

홉스의 말처럼 필요악일지도 모르는 국가상태에서, 모든 국가권력은 '정의의 원칙'에 종속되어야 정당성을 얻을 수 있다는 것이고, 정의의 관념에 위배된 국가권력 행사는 단지 원시무력집단적 폭력적 강제일 뿐이다.

나는 궁극의 정치제도는 아나키즘(무정부주의)에 있다고 본다.

진정한 자유의 세상, 진정한 선의 세상에는 정부가 없다(아나키즘).

그러나 우리 세상에서 필연적으로 원시무력집단이 통제해야 했던 범죄와 사회문제들이 발생하는 것으로 보아 국가가 없어지기는 힘들 것이다.

그렇기에 우리는 사상 철학적으로 국가의 기원을 살펴보고 그 전제요건인 정의의 정신을 함양해야 할 것이다.

즉, 국가권력의 정당성의 전제요건으로서 실정법을 넘어선 '정의의 정신'이 요구된다고 하겠다.

실무적으로 헌법 행정소송을 통해 국가권력 통제, 나아가 민간의 각종 청원 등의 발달로 국가권력을 통제해야 할 것이다.

탄핵이나 국민소환, 선거제도도 한 제도적 방안으로 논의될 수 있다.

가장 중요한 것 하나를 기억하자 '정의의 관념'에 전제된 권력 행사만이 정당성을 부여받는다고….

2024 0713 이웅 남김.

167. 신성한 다르마에 관하여

창조주는 그의 신성으로 별의 궤도를 정하시고 사계절을 정하셨다.

이와 유사하게 선과 악의 측면을 다루는 신적인 다르마의 존재가 강력하게 추정된다.

이 객관적인 법은 누구도 빠져나갈 수 없을 것이다.

노자가 그랬던가?

하늘의 그물은 성긴 것 같아도 빠져나갈 수 없다고….

여백사 일가를 몰살시킨 조조의 아버지가 비적 떼에 죽었다….

돌고 도는 순리의 이치 속에서 우리는 항상 악을 경계하고 선적인 마음을 배양하도록 자신과 사회를 이끌어야 할 것이다.

지금 나는 암흑기를 지난다.

사상적 기초가 바뀐 21c 한국을 지난다.

허례허식적이라도 예가 있는 세상이 조금 낫지 않았나 싶기도 하다.

노자는 그랬다. 도가 떨어지자 예가 생겼다고….

법학은 일종의 예에 가깝다. 그러나 물리강제력이 뒷받침된다는 점에서 예보다 강하다.

우리는 법학을 함으로써 사회와 세상의 분쟁을 해결하고, 나아가 신질서를 수립하는 단계로까지 가야 할 것이다.

기존의 법을 배우는 것은 단기간으로 하고, 각자의 주관적 관찰과 이성의 판단 속에서 우리는 각인의 신관념을 창시하고 설파해야 할 것이다.

그것은 각론적 문제가 될 수도 있고, 총론적 문제가 될 수도 있다.

독일법적 계수를 통한 기본법설립, 그리고 사고가 매우 낮은 존재들의 순간 돌려막기 입법이 판치는 세상에서

우리는 심도 있는 법철학적 성문화규범을 도출해 내야 할 것이다.

사회적 문제는 우리에게 교훈을 제시하기도 하고, 반례를 제시하기도 할 것이다.

변증법적 진보는 당연 수반되어야 하거니와, 때로는 절대에 가까운 보편타당적 이성을 견지해야 할 것이다.

생각해 보면 정의란, 공정이란 생각보다 쉽다. 우리 인간들이 배배 꼬아 놓은 것이 판례고 조문이 아니던가?

삼척동자도 동의할 수 있는 보편타당한 정의관이 진정한 민중 그리고 인간을 위한 정의관일 것이다.

다수를 살피되, 다수에 현혹되지 말고, 다수에 편승하지 말고, 지지와 별론으로 한 절대성적 정의관을 찾아가야 할 것이다.

그러나 한편으로 상대적 속성의 불완전한 인간의 학문과 사상체계를 염두에 두어야 할 것 같다.

훗날 성장할 후배들을 위하여 이웅이 남긴다. 2024 0713.

168. 기존 패러다임의 결함에 관하여

일반상식적으로 처음 법학을 접하는 사람들은 기존의 것을 맹신하기에 바쁘다.

그리고 지속적 획득을 해서 사회적인 기득권을 확보하려는 경향 또한 없지 않다.

그러나 나는 말하고 싶다.

우리가 수립한 실정법체계는 완벽하지 않다고….

공부를 함에 있어서 연구를 함에 있어서 우리는 이 자세를 항시 견지해야 한다.

그렇다고 실정법을 멸시하는 것은 좋은 태도는 아니나,

적어도 그것이 만세고금의 백지수표처럼 통용될 수 있는 법이 아니라는 것을 인식하는 것이 선재되어야 할 것 같다.

꼭 변증법이 아닌 합의 혹은 협의의 도출이라도 괜찮으니, 우리는 보다 상향된 법문화와 법체계로 접근해야 하고, 각자의 이성에서 타당한 결론들을 도출해 내야 한다.

d

wtqrqd dwe gdf sd dtse. edz qa 3q wed gqtddt ae rgedw. rgdde s ad ew dtse.

d d dqd dqdrf qfa. wwf rd srse.

ddd…

169. 에르

플라톤은 에르라는 사람을 만났다. 그는, 사후의 영혼의 재판소를 보고 왔다고 증언했고 플라톤은 이를 기록으로 남겼다.

나는 모든 인류가 재판적 관할하에 놓였다고 보지는 않는다.

그러나 특정 영혼은 과거 이집트나 그리스 시대의 믿음처럼 심판하에 놓일 것 같다는 생각이 든다.

예수가 말한 무분별한 면죄부는 통용될 수 없다.

신들의 다르마가 인간을 규율한다면, 우리는 보다 강화된 조건형성적인 삶을 살지 않을까?

재판을 받는다는 것은 유쾌한 것은 분명 아니다.

그러나 인간의 영혼이 완벽한 치외법권적 지대는 아닐 것이다….

또한 인간의 재판관할권만 있는 것도 아니리라….

이웅 2024 0713.

170. 노사갈등론

노동자와 기업가의 갈등에서 노동자가 약하니 항시 노동자 편을 들어서도 안 된다.

노동자들이 임금문제로 파업을 해서 기업에 손해를 끼치는 것은 정의의 관념에 위배된다.

왜냐하면 타인의 소유권을 침해하는 행위이기 때문이다.

사업주가 많이 가졌든 적게 가졌든 적어도 그는 기업의 실소유주로서의 권리가 있다는 것을 상기하라.

그렇기에 무분별한 친노동자적 정의관은 재고를 요한다.

반면 마르크스가 잘 지적했듯, 실질임금에서 노동자들이 착취를 당한다면 역시 경제적 부정의가 있는 것이다.

법을 하는 이는 한쪽에 치우치지 말고 객관적인 이성의 상태로 현실의 문제를 사고하고 풀어내야 할 것이다.

171. 마르크스적 공유관에 관하여

개인의 소유권을 부정하고, 타인의 재산을 공유화하려는 부정직한 경제적 부정의가 넘친다.

이것을 공산당 혹은 노동당이라며 많은 이들에게 설파되었다.

그러나 우리는 항상 소유권을 중점으로 생각해야 한다.

법이 소유권에 있어서 개입하는 범위가 스펙트럼 내에 있겠지만,

적어도 타인이 하자 없이 취득한 재산을 보호할 의무가 법에게 있다고 생각해 본다.

마르크스적 공산관은 타인의 소유권을 부정하고, 이를 탈취하려는 공격적인 사파이다.

172. 신법의 오류

적어도 유대인들과 기독교주 예수는 인류를 완벽히 속였다.

불완전한 고대미신적 율법을 진리인 양 들이대는 만행을 저질렀다.

이에 대한 상세한 반박은 필자의 '법정에 선 성경'에 적혀 있다.

신이라는 미명하에 권위를 등에 업고 인간을 속이려는 시도는 존재해 왔고 존재할 것이다.

우리는 권위에 있어서 두 가지 사고를 해 볼 수 있다.

일단 신뢰된 권위가 필요하다.

보증된 문서와 비슷하다.

그러나 그 보증된 문서의 신뢰의 출처, 즉 공신력을 이용한 보이스피싱 같은 범죄가 만연한 것도 이 세상의 하나의 행태이리라….

권위 자체를 부정할 수는 없고 해서도 안 된다.

그러나 권위에 대한 항상 날카로운 이성적 관찰은 필요하고,

비판이 필요할 때도 있다.

시대가 암흑에 빠졌을수록, 진리에서 멀어졌을수록, 이 철학자적 비판은 반드시 필요하며,

암흑기에서 빠져나와 새로운 레짐을 향하는 동력이 된다.

마르틴 루터도 그런 역할을 했고 몽테스키외도 그런 역할을 했듯 말이다.

173. 각론에 관하여

우리는 신분이나 학문이 깊어질수록 세속적 dirty한 문제에 대해 언급을 피하는 경향이 있다.

그러나 법학은 세상의 모든 문제를 포괄한다.

그러니 일부 집단 내에서 통용되는 부조리라고 그냥 넘어가서는 안 된다.

반드시 시대적인 관점으로 세속의 case들을 파악하고 변증법적 진보된 해결책을 제시해야 할 것이다.

그것이 우리 법학자들의 숙명이다.

세속적 각론의 문제에 다소 지저분한 것들이 많을 수 있으나, 우리 법학은 세속을 다룬다. 사람을 다룬다.

어찌 피하랴…!!

나의 글은 주로 한국 사회에서 태생된 법과 문제들을 담고 있다.

나의 각론 사례가 21c 한국 사회에 초점이 가 있는 것을 이해하길 바란다.

그것은 시대에 구속된 지성의 당연한 귀결이다.

그러나 나는 보다 사변적인 철학적 일반론을 남겨 놓고 떠날 것이다.

174. 법과 실력 그리고 정의

지금은 공권력적 지배가 거의 모든 국가에 확고하게 자리 잡고 있다.

그러나 아무리 정의의 철학이라 하더라도 그것을 집행해 줄 팔이 없으면, 팔 없는 몸과 같다.

나의 사상 역시도 '팔'의 부재 속에서 헤매어야 했던 시간을 기억한다.

정의의 철학을 수립하고 이를 설파하거나, 혹은 실현시키려는 모략을 세우거나 하는 각인의 자유일 것이다.

그러나 '실력'의 필요성을 강하게 역설하고 싶다.

철학이 순수철학으로 남으려면 실력이 필요 없을지도 모르겠지만,

적어도 세상에 적용될 화폐공식이라면 실력은 전제요건이다.

간디는, 실력의 부재 속에서 한 수를 두었던 것 같지만, 적어도 순수한 숭고함은 남겨 놓고 떠났다.

법학을 하는 이는 실력의 행사에 있어서 다각도의 방법론을 가져야 할 것이다.

그 실력은 x 변수로, 군대일 수도 있고, 잘 수립된 국가권력 획득일 수도 있다. 그리고 다른 차원의 힘일 수도 있다.

175. 상앙

형법적 구성요건을 수립하면, 자신의 구성요건에 자신이 걸릴 수도 있다.

고대 진나라의 상앙이 이런 case이다.

형법적 구성요건을 설립함에 있어서 부정의를 포섭하되, 지나친 엄격한 구성요건은 피하는 게 좋다고 생각한다.

또한 특정범죄를 극렬히 미워해서 강력한 구성요건적 처벌공식을 적는 것보다

보다 이성화되고 객관화된 처벌조항의 설립이 필요하다고 나는 생각한다.

176. 사이버 범죄

앞으로 AI 시대의 진입으로, 각종 사이버 범죄들이 출현할 것이다. 형법학자들은 변화하는 시대에 맞춰서 형법개정을 선재적으로 해 놓아야 할 것이다.

죄형법정주의라는 미명하에 실질적 범죄를 형식적 법규부재로 불가벌로 판결하는 일은 있어서는 안 될 것이다.

왜 우리는 꼭 피해적 선례를 보고 법을 개정해야 하는가?

날카로운 이성적 관찰로 미래에 일어날 신종범죄를 우리는 파악하고 선재적으로 구성요건 설립이 필요하다.

그리고 죄형법정주의 해석에 있어서 그 취지는 살리되(베카리아적 정신),

적어도 실정법규 미비로 인한 부정의적 결론을 도출하는 논거로 쓰여서는 안 될 것이다.

177. 국제헌법, 그리고 연합정부론

위에서도 잠시 언급했지만 지금 국제법은 강행법규의 미비로 허수아비 신세를 면치 못하고 있다.

각종 조약으로 이루어진 자발적 구속은 실질적 정의관념을 강제하지 못하는 한계 속으로

정글 같은 국제 관계를 보여 주고 있다.

우리는 미래에 있어서 세계인들의 의회 그리고 세계인들에게 통용되는 국가를 구속하는 법규를 생성시켜야 할 것이다.

위에 나의 샘플이 있다.

그래서 아노미적 정글적 국제상태를 개선하는 하나의 실정법 체계를 수립해야 할 것이다.

지금 21c 푸틴의 전쟁범죄가 일어나고 있다.

그렇지만 각국은 실질적 해결책도 제시하지 못하고 있고, 또한 이런 case를 국제헌법적으로 풀지도 못하고 있다.

미래의 지성이여, 아노미 상태를 깨고 신질서 수립, 신레짐의 수립이 지구의 국가들에게 꼭 필요하다고 남기고 떠나고 싶다.

언젠가 인류는 세계정부를 가지게 될지도 모른다.

세계정부는 두 가지 측면을 가진다.

민주제적으로 잘 운영되면, 도움이 될 것이지만,

강력한 통제력의 판옵티콘이라면 없느니만 못할 것이다.

앞으로 컴퓨터의 진보로 기술의 격차가 사람들 간에 엄청나게 벌어질 것이고,

기술적 비밀들이 엄청난 고가치로 통용되는 세상이 올 것이다.

우리가 단지 예술적 저작권에서 벗어나서, 미래의 사회에 통용할 정의적 법규범의 개선적 사고가 항상 필요한 이유도 이런 이유에서다.

미래는 변한다. 사회는 변한다. 고정불변한 영원불변 법규는 적어도 우리 세상에는 찾기 힘드리라….

그러니, 변화하는 시대에 맞춰 법의 진보 진화 각성도 당연히 필요한 게 아닐까?

178. 군법의 특수성

군법은 군대에 적용되는 법이다. 주로 군형법적 규율이 많다.

우리는 일반 형사사건과 다른 차원의 군법을 경험해야 한다.

민간에서 통용되는 가치들이 그대로 통용되기 어려운 조직체이니만큼, 군대를 깊이 이해하고 군법을 해석하고 적용해야 할 것이다.

이것은 무식한 형법적 칼이 무변별력하게 휘두르는 것을 방지하는 수단이 될 것이다.

항상 군대의 전체적 이익과 국가의 이익 그리고 선례가 주는 후행의 문화를 고려하며 군법을 해석하고 적용해야 할 것이다.

적어도 이원론적(다를 이) 법체계라는 것은 부인할 수 없어 보인다.

또한 전시상태를 감안해야 하는 만큼 사회일반형법처럼 무분별하게 적용할 수 없다.

(제갈량은 군형법을 엄격히 적용하여 마속을 참형시켰다. 그러나 군법에서 보다 융통성 있는 적용이 요구된다고 나는 본다.

나였다면 마속을 백의종군시켰을 것이다.)

d

rdf sdr ttse. qad awf aer ttse. axtzd rd qd wtrd… a wef ddqws ddtse.

d ted agd gs wt ddd, sr wd red aff gggs qedr qd erf….

td rg rd wwgrtse…

wad dr Esr td rsRd….

rfs twr cdd sdqr ttse….

179. 옴

사랑의 조문.

저는 연예인을 아꼈습니다. 뭐 사람들을 아끼는 편이지만 '편애한 것 같습니다.'

그들의 삶과 문화를 바깥에서 바라보며 불공정하다고 여기는 법체계에 있어서 개선적 각론을 만들어 봤습니다.

민사적 이해를 넓히고 민사에서 법규범의 작동을 이해하는 하나의 case로써 이해했으면 좋겠습니다.

또한 '사랑' 좋은 것 같습니다.

사랑하기에 관심을 가지고 사랑하기에 보호하는 위대한 이 정신은 제가 만든 조문 속에 신성한 하늘께 바친 예배가 되어 남을 것입니다.

(이웅 21c에)

Date: Monday, Jul 8, 2024 04:14:28 PM
From: “이웅” 〈agreefreee@nate.com〉
To: 〈agreefreee@nate.com〉
Subject: 옴-연예계약(2024 웅)

민법 추가 조항.

연예계약 - 한 인간이 예술적 행위 등을 제공하고, 회사는 이를 주관하는 경우 연예계약에 해당한다.

연예계약의 기간 - 연예계약의 조건과 기한은 쌍방의 합리적 의사결정에 의한다. 단 연예계약은 5년을 넘을 수 없으며 5년 시 쌍방 이의가 없는 경우 자동갱신 된다.

기한종료 시 계약은 자동종료 된다.

연예계약의 해지권 - 한 당사자의 참작할 만한 사유로 인해 계약기간 도중 사정변경이 생긴 경우, 한 당사자는 계약을 해지할 수 있다.

손해배상 - 계약기간 준수를 통해, 한 당사자가 얻을 수 있는 이익이 위의 해지권으로 손실이 생긴 경우, 계약해지 당사자는 손실을 전보할 책임을 진다.

전조의 손해배상은 미래에 수익가능한 합리적으로 통상적으로 확실시되는 이익에만 해당하고, 기대이익은 이에 해당하지 아니한다.

손해배상액은 기수익액을 기초로 판단한다.

법관은 합리적 이성으로 전조의 배상액을 판단하여 정한다.

연예계약의 당사자는 쌍방 모두 손해배상청구권을 가진다.

면책특권 - 합리적 상식으로 한 당사자에게 계약 이행을 준수하기 매우 어려운 상황인 경우 위 책임은 면책된다. 법관은 전문의 상황을 판단할 책임이 있다. 면책특권은 법원에서만 확인받을 수 있는 권리이다.

1조 계약 당사자의 사정상, 계약을 이행하기 어려운 중대한 신체적 정신적 사유가 있는 경우

2조 회사 측의 경영상황 등이 악화되어 계약해지가 경제적으로 꼭 필요한 경우

3조 인격권 침해, 범죄가 상호 간에 발생한 경우

4조 기타 중대한 사유가 있는 경우

정산요구권 - 연예계약의 당사자 중 예술시연자는 회사 혹은 계약주관자에게 연예행위로 얻은 수익을 공개청구 할 권리가 있다.

전조의 권리가 행사된 경우 계약주관자는 지체 없이 수익을 공개할 의무가 있다.

특별횡령죄 - 계약주관자가 사술로 수익을 의사표시 한 경우 3년 이상 10년 이하의 징역에 처한다.

전조의 구성요건 해당 시 예술시연자는 정산금청구권과 손해배상청구권을 가진다.

정산청구권 - 정산청구권은 양 당사자의 합의하에 기한과 지급일을 정한다. 단 3개월 이상의 지급기한을 정할 수 없다. 수익이 없는 경우는 예외로 한다.

일시정기금 지급 - 연예계약의 당사자는 합의된 날짜에 정산금을 지급하고 받을 권리와 의무를 가진다. 정산금은 현금으로 전액 일시적으로 지급되어야 한다.

연예계약(2) - 계약주관자가 예술시현을 결정하는 경우, 양 당사자는 계약 시 시연일을 합의해야 한다. 특별한 사정이 없는 한 시연일은 준수되어야 한다.

손해배상 - 기타 어떤 명칭으로든 계약주관자와 예술시연자 사이에 계약이 채결된 경우 연예계약에 해당한다. 연예계약 중 쌍방이 이를 준수하지 않은 경우 손해배상책임이 있다.

손해배상청구권 - 연예계약이 준수되지 않은 경우 계약 당사자는 법원에 손해배상을 청구할 수 있다. 단 쌍방모두 강제이행은 허용되지 아니한다.

연예계약이 체결된 경우 위의 면책특권상 사유가 아닌한 적법한 해지권은 인정되지 아니한다.

(계약주관자의 자기책임) 계약주관자는 예술시연자의 성과 등을 이유로 경제적 책임을 예술시연자에게 청구할 수 없다.

(주석: 연습생이라는 이름으로 채용을 하고, 시연일을 계약주관자의 자의적으로 정하는 부당한 세태가 보인다. 위 법조는 이를 시정하기 위한 조문이다. 계약주관자 측에서는 채용을 하고, 자의적으로 시연해지를 할 수 없고 하는 경우 손해배상책임이 있다.)

(하느님,

일시적으로 통용되는 화폐가 아닌, 더 깊이 있는 법학이론을 적어 두고 가고 싶습니다. 저 역시 계속 발전해야 할 과제 속에서 최대한의 한계 속에서 최선의 기록을 남기고 떠나려 합니다.

제 글이 언제까지 갈지는 모르겠습니다. 그러나 당금의 지성에 대한 절망 속에서 미래의 한 줄기 빛을 따라 쓴다면 좋은 작품들이 많이 나올 것 같습니다.)

180. 실정적 노동법체계에서 미비된 부분을 조문으로 만들어 봤습니다.

노동법의 이해에 있어서 도움이 되길 바랍니다. 세세히 각론을 설명할 만큼의 여유는 없습니다.

고용착오론.

노동시장에서 사업자 측의 입장을 고려해야 한다.

비정규직은 일종의 계약직으로 계약기간 내 업무를 수행하면 되고,

사업상 당연 필요하다.

비정규직이 평생직장을 요구하는 것은 월권이다.

비정규직 또한 자신의 인생 계획을 세워야 할 것이다.

그리고 정규직의 경우도 고용착오론을 적용해야 한다.

채용과정에서 착오가 발생할 수 있고 이 경우는 정당해고(계약해지)는 법상 허용된다.

사업주 측의 착오를 완전 무시한 채로 고용을 강제할 수 없다.

민법상 계약착오는 이에 준용된다(제109조).

신뢰(기대이익) 반환 - 해고에 있어서 직별에 관계없이, 사업주 측의 과실로 착오가 발생한 경우,

고용기회비용과 신뢰이익(계약이 성사되었으면 얻는 이익)을 사업주 측은 배상해야 한다.

사업주 측에 과실이 있을 경우 신뢰이익배상권은 근로자의 당연한 권리이다. (계약성사 시 얻는 임금 - 해고로 인해 얻는 기회비용 정확

히 산출이 힘든 액수이다. 법관의 재량이 요구된다.)

해고 시 명예보상청구권(근로자의 권리) - 사업주의 이유로 해고 시 근로자는 명예보상 청구권을 가진다. 액수는 법관이 합리적 판단하에 청구액을 감안하여 결정한다.

그러나 착오유발원인이 근로자 측에 있는 경우 사업주는 신뢰이익 배상 책임이 없다.

(이웅 2024)

181. 한 사례를 소개하고 싶습니다. 사회에서 만난 사람이었는데, 남을 고용하고 마음에 들지 않는다고 해고기간에 해고를 했습니다.

그 고용된 사람은 다른 고용기회를 포기하고, '기회비용의 상실'을 가지고 고용되었는데, 그런 무책임한 행태는 법의 제재대상이라고 생각합니다.

또한 우리는 고용 외적 명예를 항상 생각해야 합니다. 적어도 젊은 사람이 취업을 했으면 주변에 알리는 게 다반사인데, 그런 사람들을 해고하는 것은 명예와 자존심에 심각한 타격을 입히게 됩니다.

법은 이런 명예와 자존심 역시도 결산해야 하는 숙명을 가지고 있습니다.

작은 일이라고 폄하하지 말기를….

(고용이란) 누군가에게는 중요한 인생의 전환점이니….

182. 매체의 다변화와 언론 표현의 자유

21c 한국에서는 표현의 자유라는 미명하에 타인의 기본권을 침해하는 세태가 비일비재하게 발생하고 있습니다.

한 어린 유명 여가수는 심각한 모욕들을 듣고 세상을 스스로 등졌습니다.

표현의 자유는 원래 권위적 시대에서 국가권력적 통제를 하던 시대에 기본권으로 체계화된 것입니다.

그러나 사인들의 세상에서 언어를 통한 폭력 위해 범죄가 비일비재하게 발생하고 있습니다.

국가는 국가적 폭력으로 시민을 억압하지 않되,

적어도 사인간에 이루어지는 표현형 범죄에 있어서 규율을 필수불가결로 한다고 생각합니다.

표현의 자유는 국가적 공권의 산물로서 이해된 채로, 사인간의 표현의 형법적 규제는 반드시 필요합니다.

공연성이라는 옛날 명예훼손적 관념도 고리타분한 시대에 맞지 않는 이론입니다.

앞으로 각종 전자기기의 발달 인터넷의 발달로 범죄도 더 스펙트럼이 넓어질 것입니다.

형법적 재고와 개입이 필요한 세상입니다.

또한 정치적 영역에서, 언론의 무분별한 선동마저도 우리는 자유라는 이름하에 용인해야 한다면,

질서는 어디 있고, 도와 예는 어디 있는지요?

언론의 정치적 표현 역시도, 법은 해결해야 하며, 단지 사전검열금지라는 낡은 헌법은 만능의 백지수표가 아님을 우리는 알아야 합니다.

183. 뇌양현의 방통 - 2(이웅 2024)

방통을 본 유비는 변변찮은 선비려니 하고

뇌양현을 맡긴다.

방통은 술만 먹고 고을 일을 돌보지 않는다.

장비가 감찰하러 오자 방통은 그제야 옷매무새를 가다듬고

짧은 시간 안에 뇌양현의 일을 모두 처리했다.

장비는 방통을 유비(소열황제)에게 추천하고

방통은 부군사가 되어 서천을 공략하는 공을 세운다.

한국 정치를 논해야 하는 나는 봉추가 뇌양현에 있는 것.

슬프다.

떠날 것.

웅 2024 0630.

184. 조선의 미래에 관하여

한반도는 중요한 시국에 직면했습니다.

대변란의 전주곡이 계속 들립니다.

막으려 했지만 한 인간으로서 막을 수 없는 지옥의 불꽃이 계속 내 안에서 타오릅니다.

앞으로는 우리 조선인들이 상부상조(서로 아끼며 돕는), 원래 우리 단군조선의 정신을 간직한 채 살기를….

매일 다투기만 하는 남한 뉴스에서, 남한도 북한도 정당성을 가질 수 없습니다.

남한의 예의는 죽었고 도는 사라진 지 오래입니다.

어느 쪽 편에도 서지 않겠습니다….

노무현 유서가 기억납니다. (운명이다.)

삶도 죽음도 대자연의 한 조각 아니겠는가? (노무현 유서 중에서….)

이웅 남김 2024 0701.

185. When listening to someone lecture

You have to listen while distinguishing between 'people who have memorized' and 'people who understand'.

People who have memorized are at the level of merely listing shallow knowledge,

People who understand give in-depth lectures.

For example, in law, a constitutive element is a 'conditional formula that establishes a crime.'

You just need to know that there is a significant difference in level between someone who memorizes something and someone who understands it.

Do not blindly believe that it is a lecture, but always listen to it with discernment.

(You shouldn't live like that in the world - for example, you shouldn't ignore someone who is a low level, but the other person's level is

It is also necessary to distinguish whether it is bronze or diamond.)

Woong 2024 0627.

186. 한국 교육의 실태에 관하여(2024 이웅)

예컨대 국사에서 이규보의 《동명왕편》을 제목만 암기한다.

《동명왕편》이 어떤 내용인지, 어떤 의미인지를 이해하지 않은 채로

객관식 문제에서 이규보 《동명왕편》 '목차'만 암기한다.

이런 식의 저급한 공부가 한국의 주류를 이룬다.

한때 내가 대학 다닐 때 "닥치고 외워."라는 말이 유행했다.

그만큼 이해도가 떨어진 채로, 수박의 겉만 계속 핥는 모습을 보여 주고 있다.

전에 이야기한 바와 같이 한국 대학 전공 교수들도 자기 전공 다 모른다.

그만큼 분야는 넓고 깊이는 끝이 없다는 이야기이다.

무슨 대학, 무슨 전공 이러면서 사회에서 인정받기를 원하는 수능 4 과목짜리 암기기계는 사절한다.

깊이 있는 이해와 오랜 단련이 지성을 만든다.

187. 옴

군사법적 군법책임론.

무지와 무능으로 다수 인명의 피해 시 책임져야 한다고 생각합니다.

웅 올림 ae 2024 0622.

188. 옴

선악의 economic.

악을 선택하면 즐거움에 비해 손해가 더 크다.

선을 선택하면 고통에 비해 이득이 더 크다.

189. TO OM

면죄부와 책임, 그리고 자유의지에 관하여.

특정 종교는 교주를 믿으면, 죄를 사한다는 특권을 남용하고 있다.

우주 어디에도 이런 부당한 면죄부는 없다.

법의 정신과 스스로의 자기 책임은 신성한 다르마의 의지 앞에 놓인다.

스스로의 자유의지로 택한 행위에 대한 책임은 그 행위자에게 있다.

사이비 종교의 현혹은 일종의 상업용 종교이다.

190. TO OM

Putin trial.

The defendant, Putin, illegally invaded Ukraine, a peaceful country, by force.

It caused a lot of human, property, physical and mental damage.

The above actions constitute war crimes.

The defendant bears the obligation to repay all property damage caused by the war.

The defendant bears the weight of the lives of the citizens of both countries who had to lose their lives unwillingly due to war.

The defendant bears the guilt and responsibility of depriving people of the happiness they would have enjoyed on Earth if the war had not occurred.

The defendant bears responsibility for the burden on the hearts of those who have suffered the unwanted loss of acquaintances.

Accomplices share responsibility according to their degree of participation.

It is ruled as follows. Posted by Lee Woong TO OM 2024 0621.

191. 헌법보완론(기본권의 대사인효)

기본권은 '대국가적 공권'이다. 국가에 국민이 주장할 수 있는 권리로 처음에 발전했다.

그러나 기본권 중 필요한 권리는 '사인 상호 간'에도 적용할 필요를 여실히 느낀다.

헌법 기본권 조항에 "본 장의 권리는 기본적 인권에 한한 한 사인 상호간에도 적용된다."라는 조문을 첨언해야 한다.

(근로의 권리 진술거부권 같은 경우는 사인간 적용될 수 없다. 구체적 해석 적용은 실무진과 학자들이 할 것이다.)

또한 실무에 있어서도, 단지 권리침해 후 '금전배상'만을 하는 것이 아닌, 법원에 의한 인권침해정지명령 판결, 구조판결 같은 다양한 각도의 소송례를 법률각론상 추가해야 한다. (법원이 기본권 보장의 보루에 서야 한다.)

예컨대, 스토킹당하는 여성은 법원이 아닌 경찰에 신고를 하는데, 경찰이 24시간 가드하기 어려운 상태에서, 법원을 통한 권리 구제를 우리는 생각해야 한다. (접근금지 명령 판결, 기본권 - 사생활의 자유 침해 손해배상 판결 등등)

기본권의 대사인효를 민사소송과 연계시켜서, 사회에서 기본권 보호와 침해방지, 구제 그리고 배상을 우리는 법체계상 연계를 생성시켜야 한다고 본다. (전통적 봉건제적인 법이념인 공사법의 이분법이 아닌, 연계적 법리가 필요하다.)

마지막으로 군부독재시절, 진술거부권이 침해되는 경우가 비일비재했고, 주로 국가적 침해에 대항해 온 기본권 체계는 이제 민주화 시대

이후 사인간에 적용되는 기본적 인권으로 자리매김해 가야 할 것이다.

2024 0606 이웅 남김.

d

R cvg rse. qe w erf. wde wr wdgs xdd dred s cd drf.

a twfe rfrw. ewr tdgsR.

wr qTr qdf gse. wd rd gvdfs rdd gvdfs dqddse.

tRt weg qtf wtrf qfse.

wdd? afrtd. tww wdf qrtre gse.

dr vtecf cg ardRd? afrtse. gqe qwd dtse.

192. 미완의 정의를 향하여(1부 마침)

짧은 형식으로 논점과 쟁점을 담아 보았습니다. 주로 한반도에 국한된 시국을 배경으로 쓰인 책입니다.

저의 한계로 말미암아 사회의 모든 쟁점들을 담을 수는 없었습니다. 그리고 이 책은 3차원 지구적 관념을 중점으로 서술된 책입니다. 또한 한국에만 있었던 저의 제한된 경험으로 지구적 법적 쟁점들을 망라할 수는 없었습니다.

2부에서는 보다 심오한 차원의 정의적 관점에 대해 논해 보고 싶습니다.

플라톤이 말한 이데아의 실체를 찾아서, 더 연구하고 매진하려 합니다.

또한 인류의 미래에 있어서 엄청난 영향력을 가질 AI 관련 법률쟁점들도 연구해 보고자 합니다.

더 발전된 모습으로 만날 수 있기를 희망합니다.

가장 마음에 드는 부분은 연방한국헌법, 국제헌법 초안이었습니다. 모든 조항을 만들어 보진 않았지만, 제가 제시한 정치국가적 논점들이 통일한국의 일종의 사상적 기초의 토대가 될 수도 있을 겁니다.

그리고 아쉽게도 심오한 글인데, 남기지 않은 내용도 있었습니다.

2부에서는 부족한 부분을 더 보완하려고 합니다.

또한 다소 부정적 표현이 들어간 부분도 있는데, 솔직한 평이니 양해 바랍니다.

미완의 정의를 향하여(1부 마침)

이 작은 책을 불멸의 정의와 위대하신 창조주께 바칩니다.

2024 0819 이웅.